Quand les Dragons Reviendront
Guide Ésotérique pour le Nouvel Âge

Michael Turner

Titre Original : *When the Dragons Return – Esoteric Guide for the New Age*
Copyright © 2025, publié par Luiz Antonio dos Santos ME.
Ce livre est une œuvre de non-fiction qui explore les pratiques et concepts dans le domaine de la spiritualité ésotérique et du développement personnel. À travers une approche holistique, l'auteur offre des outils pour accéder à la connaissance intérieure, à l'équilibre énergétique et à l'éveil de la conscience.
1re Édition
Équipe de Production
Auteur : Michael Turner
Éditeur : Luiz Santos
Couverture : Studios Booklas / *Élodie Navarro*
Consultant : *Bastien Morel*
Chercheurs : *Sophie Marot / Julien Cazeneuve / Amélie Dumas*
Mise en page : *Hugo Blanchard*
Traduction : *Claire Duval*

Publication et Identification
Quand les Dragons Reviendront
Booklas, 2025
Catégories : Spiritualité / Ésotérisme
DDC : 133.43 (Dragons, ésotérisme, symbolisme mystique)
CDU : 133.5 (Sciences occultes – ésotérisme, forces invisibles)

Tous droits réservés à :
Luiz Antonio dos Santos ME / Booklas
Aucune partie de ce livre ne peut être reproduite, stockée dans un système de récupération ou transmise sous quelque forme ou par quelque moyen — électronique, mécanique, photocopie, enregistrement ou autre — sans l'autorisation écrite préalable du titulaire des droits d'auteur.

Sommaire

Indice Systématique 5
Prologue 10
Chapitre 1 Que Sont les Dragons ? 13
Chapitre 2 Les Dragons dans l'Histoire et les Mythologies 20
Chapitre 3 Les Dragons dans l'Ésotérisme et la Spiritualité 26
Chapitre 4 Pourquoi Sont-ils Partis ? 33
Chapitre 5 Le Retour des Dragons 39
Chapitre 6 Les Dragons et les Quatre Éléments 45
Chapitre 7 Dragons de Feu 51
Chapitre 8 Dragons d'Eau 56
Chapitre 9 Les Dragons de Terre 61
Chapitre 10 Dragons de l'Air 66
Chapitre 11 L'Éveil Spirituel et les Dragons 72
Chapitre 12 Les Portails Énergétiques 79
Chapitre 13 Connexion avec les Dragons 90
Chapitre 14 Les Dragons comme Gardiens Spirituels 97
Chapitre 15 L'Évolution de la Conscience 105
Chapitre 16 Dragons et l'Énergie Kundalini 112
Chapitre 17 Dragons et la Protection de la Planète 120
Chapitre 18 Les Dragons dans la Magie et les Rituels 128
Chapitre 19 Rencontres avec les Dragons 135
Chapitre 20 Les Lignées Draconiques 142
Chapitre 21 Gardiens des Lignes Temporelles 149

Chapitre 22 Les Dragons Interdimensionnels et le Multivers.. 157
Chapitre 23 Les Dragons dans le Nouvel Âge 164
Chapitre 24 Méditations avec les Dragons 171
Chapitre 25 Invocations et Cercles d'Énergie 178
Chapitre 26 Comment Honorer les Dragons 184
Chapitre 27 Messages de l'Inconscient 190
Chapitre 28 Développement Personnel 196
Chapitre 29 Comment Ressentir la Présence des Dragons 201
Chapitre 30 Les Maîtres et Gardiens 207
Chapitre 31 L'Appel Final 212
Épilogue 217

Indice Systématique

Chapitre 1 : Que Sont les Dragons ? - Explore les diverses représentations des dragons à travers les cultures et leur signification symbolique en tant que forces primordiales et archétypales.

Chapitre 2 : Les Dragons dans l'Histoire et les Mythologies - Examine comment les dragons ont été perçus et représentés dans différentes civilisations à travers l'histoire, révélant leur rôle dans la formation des mythes et des croyances.

Chapitre 3 : Les Dragons dans l'Ésotérisme et la Spiritualité - Explore la signification des dragons dans les traditions ésotériques et spirituelles, en les présentant comme des entités interdimensionnelles et des gardiens du savoir sacré.

Chapitre 4 : Pourquoi Sont-ils Partis ? - Analyse les raisons ésotériques et spirituelles de l'éloignement des dragons du plan physique, liant leur disparition à la déconnexion de l'humanité avec les énergies subtiles.

Chapitre 5 : Le Retour des Dragons - Explore la prophétie du retour des dragons, en la reliant à l'élévation de la conscience humaine et à la restauration de l'équilibre énergétique de la Terre.

Chapitre 6 : Les Dragons et les Quatre Éléments - Décrit le lien profond entre les dragons et les quatre éléments (feu, eau, terre, air), explorant comment ils représentent et canalisent ces forces primordiales.

Chapitre 7 : Dragons de Feu - Explore l'énergie des dragons de feu, en les associant à la transformation, au courage et à la force intérieure.

Chapitre 8 : Dragons d'Eau - Décrit les dragons d'eau comme des gardiens du flux émotionnel, de l'intuition et de la sagesse ancestrale, soulignant leur lien avec la fluidité et l'adaptabilité.

Chapitre 9 : Les Dragons de Terre - Explore les dragons de terre comme des symboles de stabilité, de protection et de connexion aux forces primordiales de la Terre.

Chapitre 10 : Dragons de l'Air - Décrit les dragons de l'air comme des entités liées à la liberté, à la sagesse et à l'expansion de la conscience, soulignant leur rôle de messagers et de guides spirituels.

Chapitre 11 : L'Éveil Spirituel et les Dragons - Explore le rôle des dragons dans le processus d'éveil spirituel, en les présentant comme des catalyseurs de transformation et des guides vers une compréhension plus profonde de soi et de l'univers.

Chapitre 12 : Les Portails Énergétiques - Examine la connexion entre les dragons et les portails énergétiques de la Terre, en les décrivant comme des gardiens de ces lieux sacrés et des facilitateurs de l'interaction entre les dimensions.

Chapitre 13 : Connexion avec les Dragons - Explique comment établir une connexion avec les dragons, en soulignant l'importance de la sensibilité, du respect et de l'alignement énergétique.

Chapitre 14 : Les Dragons comme Gardiens Spirituels - Décrit le rôle des dragons comme gardiens spirituels, offrant protection, guidance et mettant au défi ceux qui cherchent l'éveil.

Chapitre 15 : L'Évolution de la Conscience - Examine comment les dragons influencent l'évolution de la conscience humaine, agissant comme des catalyseurs de transformation et des guides vers des états de perception supérieurs.

Chapitre 16 : Dragons et l'Énergie Kundalini - Explore le lien entre les dragons et l'énergie Kundalini, en les présentant comme des représentations de la force vitale et du potentiel d'illumination.

Chapitre 17 : Dragons et la Protection de la Planète - Décrit le rôle des dragons dans la protection et l'équilibre de la planète, en les associant aux forces naturelles et à la préservation de l'environnement.

Chapitre 18 : Les Dragons dans la Magie et les Rituels - Explore l'utilisation des dragons dans la magie et les rituels, en les présentant comme des alliés puissants pour la transformation, la protection et l'accès au savoir occulte.

Chapitre 19 : Rencontres avec les Dragons - Décrit les rencontres spirituelles avec les dragons, en explorant comment elles se manifestent dans les rêves, les méditations et les projections astrales, et leur impact sur l'éveil spirituel.

Chapitre 20 : Les Lignées Draconiques - Explore le concept des lignées draconiques, en décrivant comment la connexion avec les dragons peut être un héritage spirituel transmis à travers les incarnations.

Chapitre 21 : Gardiens des Lignes Temporelles - Décrit les dragons comme des gardiens des lignes temporelles, explorant leur rôle dans la protection de l'équilibre du temps et leur influence sur le destin.

Chapitre 22 : Les Dragons Interdimensionnels et le Multivers - Explore les dragons interdimensionnels et leur connexion avec le multivers, en les présentant comme des voyageurs cosmiques et des facilitateurs de l'échange énergétique entre les mondes.

Chapitre 23 : Les Dragons dans le Nouvel Âge - Examine le rôle des dragons dans le contexte du Nouvel Âge, en les présentant comme des forces qui guident l'humanité vers un éveil spirituel et une nouvelle compréhension de la réalité.

Chapitre 25 : Invocations et Cercles d'Énergie - Décrit l'utilisation des invocations et des cercles d'énergie pour se connecter avec les dragons, en soulignant l'importance de la préparation, du respect et de l'intention claire.

Chapitre 26 : Comment Honorer les Dragons - Explique comment honorer les dragons à travers des offrandes symboliques et des attitudes concrètes, en soulignant l'importance du respect, de l'engagement et de l'alignement avec leurs valeurs.

Chapitre 27 : Messages de l'Inconscient - Explore la présence des dragons dans les rêves comme des messagers de l'inconscient, révélant des aspects internes et facilitant la connaissance de soi et la transformation personnelle.

Chapitre 28 : Développement Personnel - Décrit le développement personnel influencé par l'énergie des dragons, comme un processus de transformation qui éveille et affine la force intérieure, guidant l'individu à découvrir son véritable potentiel et à surmonter les défis.

Chapitre 29 : Comment Ressentir la Présence des Dragons - Décrit comment percevoir la présence des dragons à travers des signes subtils et des expériences, en soulignant l'importance de la sensibilité, de l'intuition et de la reconnaissance des motifs.

Chapitre 30 : Les Maîtres et Gardiens - Explore le rôle des dragons en tant que maîtres spirituels et gardiens du savoir sacré, guidant ceux qui sont prêts à affronter les défis du voyage évolutif.

Chapitre 31 : L'Appel Final - Synthétise le thème de la connexion avec les dragons, en soulignant l'importance de la préparation, du courage et de la transformation personnelle pour répondre à cet appel.

Prologue

C'est avec une profonde conviction que je présente aux lecteurs une œuvre fondamentale pour la compréhension de l'un des mystères les plus persistants de l'histoire humaine : les dragons. Loin des fantasmes superficiels qui peuplent l'imaginaire populaire, ce livre révèle la véritable nature de ces créatures majestueuses, dévoilant leur rôle crucial dans l'équilibre énergétique de notre planète et dans notre propre évolution spirituelle.

Depuis des temps immémoriaux, la figure du dragon résonne dans les mythologies de cultures dispersées à travers le globe, même celles qui n'ont jamais eu de contact entre elles. Cette universalité n'est pas une simple coïncidence. Elle atteste d'une réalité ancestrale, d'une connaissance profonde qui réside au cœur de notre conscience collective. Le serpent ailé Quetzalcoatl, les dragons célestes de la Chine, le redoutable Léviathan et les gardiens de trésors européens sont des manifestations distinctes d'une même vérité primordiale : les dragons sont des êtres élémentaires, des forces de la nature personnifiées, intrinsèquement liés à notre santé spirituelle.

Les dragons sont bien plus que des inventions de la fantaisie. Ils sont des êtres à haute fréquence vibratoire, des entités élémentaires qui ont partagé notre planète pendant des ères. La vision holistique présentée ici démontre que l'éloignement croissant de l'humanité de sa propre essence spirituelle, notre déconnexion avec la nature et la quête incessante d'un matérialisme vide ont créé une dissonance énergétique qui a rendu notre monde inhospitalier pour ces créatures d'énergie pure. C'est cette déconnexion qui a conduit à leur éloignement de notre plan d'existence.

Cependant, l'auteur, avec une connaissance et une sensibilité profondes, révèle que nous sommes à un moment de transition crucial. L'éveil d'une nouvelle conscience spirituelle dans divers secteurs de la société, l'intérêt renouvelé pour la nature et la quête d'un but de vie plus élevé restaurent progressivement l'harmonie vibratoire de notre planète. Et avec cette restauration, surgit la forte conviction, étayée par des preuves et des intuitions croissantes, que les dragons reviennent.

Il est fondamental de comprendre qu'une rencontre avec un véritable dragon ne ressemble pas aux représentations cinématographiques de batailles épiques contre des bêtes écailleuses. Les dragons, dans leur nature élémentaire, se manifestent principalement sur le plan énergétique et spirituel. Les expériences de ceux qui ont senti leur présence sont diverses et profondes : sensations de chaleur intense, vagues d'énergie vibrante, une présence imposante et protectrice, rêves révélateurs, intuitions claires et la perception de symboles chargés de signification.

Ces êtres ne sont pas de simples gardiens de trésors matériels, mais plutôt des gardiens de sagesse ancestrale et des porteurs d'un pouvoir transformateur immense. Leur retour n'est pas une menace, mais un appel. Une invitation pour que l'humanité ravive sa flamme spirituelle, restaure l'équilibre avec la toile de la vie et embrasse un avenir de plus grande conscience et d'harmonie.

Ce livre n'est pas une théorie vague, mais une exposition claire et affirmative sur la véritable nature des dragons. L'auteur, avec sa profonde compréhension du sujet, présente des preuves et des idées qui prouvent l'existence de ces êtres élémentaires et leur rôle vital dans notre voyage évolutif. En démystifiant l'image déformée perpétuée par la culture populaire, cette œuvre offre une nouvelle perspective, invitant le lecteur à ouvrir son esprit et son cœur à une réalité beaucoup plus riche et mystérieuse qu'il n'aurait jamais imaginé.

Si vous avez toujours ressenti une connexion inexplicable avec les dragons, si des intuitions profondes vous ont guidé vers ce livre, ou si vous cherchez simplement une compréhension plus profonde des forces qui façonnent notre monde, alors vous êtes prêt à recevoir la vérité révélée ici. Préparez-vous à un voyage de découverte qui vous fera voir le monde – et vous-même – sous une nouvelle lumière.

Avec la certitude que cette œuvre transformera votre perception,
Luiz Santos Éditeur

Chapitre 1
Que Sont les Dragons ?

Les dragons sont bien plus que de simples créatures fantastiques ; ils incarnent des archétypes profonds qui traversent les cultures et les époques, symbolisant des forces primordiales qui influencent le monde et l'existence humaine elle-même. En leur essence, ils incarnent la dualité entre destruction et création, chaos et ordre, défi et illumination. Depuis les civilisations les plus anciennes, leurs histoires s'entrelacent avec les mythes de dieux, de héros et de sages, suggérant que leur présence transcende le plan purement mythologique. Certains les voient comme des êtres physiques ayant jadis foulé la terre parmi les hommes, tandis que d'autres les comprennent comme des manifestations énergétiques, gardiens du savoir ancestral et porteurs de vérités cachées. Leurs représentations varient considérablement, mais elles portent toujours en elles un sens de puissance incommensurable et de mystère insondable, renforçant l'idée qu'ils ne sont pas seulement des figures imaginaires, mais bien des symboles qui résonnent avec des aspects fondamentaux du parcours humain.

Au fil de l'histoire, les dragons ont été décrits de manières distinctes, selon la culture qui les enregistrait. En Occident, leur image a été largement associée à la terreur et à la destruction, dépeints comme des bêtes colossales qui crachent du feu et dévastent des royaumes entiers. De nombreuses légendes médiévales les placent comme des obstacles à vaincre par de braves chevaliers, renforçant la métaphore de la confrontation avec ses propres peurs et limitations. En Orient, en revanche, notamment dans la tradition chinoise et japonaise, les dragons sont vénérés comme des entités bienveillantes, connectées aux forces naturelles et à l'équilibre universel. Ils sont considérés comme des êtres sages, porteurs de fortune et de protection, influençant les récoltes, les rivières et même le destin des nations. Ces différences reflètent non seulement des visions distinctes de l'inconnu, mais aussi la manière dont chaque civilisation abordait les défis de l'existence et le rôle des forces qui régissent le cosmos.

Au-delà des légendes et des interprétations mythologiques, de nombreuses traditions ésotériques et spirituelles considèrent les dragons comme des entités qui transcendent la physicalité, existant dans des dimensions subtiles et interagissant avec ceux qui sont prêts à comprendre leur énergie. Ils sont décrits comme des gardiens du savoir sacré, des protecteurs de portails dimensionnels et des alliés de ceux qui cherchent la vérité au-delà des apparences. Cette vision attribue aux dragons une fonction bien au-delà de la figure mythique de bêtes colossales, les insérant dans un contexte de transformation spirituelle et de connexion avec des forces supérieures. La relation entre les humains et les dragons, dans ce sens, ne se fait pas par la domination ou la soumission, mais plutôt par l'apprentissage et l'évolution. Ceux qui se permettent de comprendre leur présence accèdent à une sagesse profonde, capable d'éclairer les chemins et de révéler des vérités qui restent cachées pour la plupart.

La mythologie et le folklore les décrivent comme des êtres immenses, souvent ailés, dotés d'écailles résistantes, de griffes acérées et d'yeux portant l'intensité d'une flamme éternelle. En Occident, l'image la plus courante est celle du dragon cracheur de feu, symbole de pouvoir et de destruction. En Orient, particulièrement en Chine et au Japon, les dragons sont des êtres célestes, associés à la fortune, à la sagesse et à l'équilibre des forces naturelles. Ces contrastes révèlent quelque chose d'essentiel : les dragons ne sont pas seulement des figures mythologiques, mais des représentations archétypales de forces primordiales que l'humanité a toujours cherché à comprendre.

Dans les cercles ésotériques et holistiques, les dragons sont perçus comme des énergies conscientes, détentrices de savoir ancestral et gardiennes de portails interdimensionnels. Ils n'appartiennent pas seulement au plan matériel, mais transitent entre les dimensions, influençant les événements et les individus lorsque cela est nécessaire. On croit que ceux qui parviennent à syntoniser leur énergie peuvent accéder à des informations cachées, à une protection spirituelle et à un pouvoir intérieur qui transcende la compréhension ordinaire.

Les anciennes civilisations ont consigné des histoires suggérant des rencontres réelles avec ces êtres. Dans les traditions mésopotamiennes, la déesse Tiamat, décrite comme un dragon primordial, symbolisait le chaos originel précédant la création du monde. Dans les écritures hindoues, le serpent cosmique Ananta Shesha soutient l'univers et sert de trône à Vishnu, représentant l'ordre suprême. En Scandinavie, la figure du dragon Nidhogg apparaît comme une entité qui ronge les racines de l'arbre Yggdrasil, se connectant à l'idée de cycles de destruction et de renouveau.

Beaucoup de ces récits ne parlent pas seulement d'entités physiques, mais de forces cosmiques agissant dans l'existence. Les dragons peuvent être compris comme des symboles de transformation, de transmutation et d'élévation spirituelle. Celui qui se connecte à leur énergie apprend à gérer ses propres défis, à surmonter ses peurs et à élargir sa conscience au-delà des limitations imposées par le monde matériel.

Dans la vision holistique, les dragons représentent les éléments fondamentaux de la nature. Chacun d'eux se manifeste dans une fréquence énergétique distincte, influençant non seulement la réalité environnante, mais aussi la manière dont les personnes interagissent avec leurs propres émotions et défis internes. La présence d'un dragon de Feu, par exemple, apporte la force de la transmutation, brûlant ce qui ne sert plus et stimulant la croissance personnelle. Les dragons d'Eau coulent avec l'intuition et la sensibilité, aidant à la connexion avec l'inconscient et à la clarté émotionnelle. Les dragons de Terre soutiennent et protègent, garantissant stabilité et structure. Les dragons d'Air élargissent l'esprit, favorisant la communication et la connexion avec des dimensions supérieures.

De nombreuses lignées spirituelles affirment que les dragons n'ont jamais quitté la Terre, mais se sont simplement retirés dans des plans plus subtils, attendant le bon moment pour se manifester à nouveau. Avec l'éveil spirituel actuel de l'humanité, certaines personnes rapportent des rêves intenses avec des dragons, des visions pendant des états méditatifs et même des expériences énergétiques qui indiquent un rapprochement. Dans certaines traditions, on croit que les dragons ne se présentent qu'à ceux qui sont prêts à recevoir leur enseignement, car leur pouvoir ne peut être traité à la légère.

Les gardiens draconiques ne servent pas les caprices humains, ni ne répondent à des invocations banales. Ils apparaissent lorsque l'âme est prête, lorsqu'il y a un but réel d'évolution et lorsque la connexion établie vise une croissance authentique. Cette relation n'est pas une relation de domination, mais d'apprentissage mutuel. La personne qui se connecte à un dragon expérimente un processus de transformation profonde, car sa présence éclaire les vérités cachées et défie tout ce qui est illusoire.

La tradition selon laquelle les dragons gardent des trésors est une métaphore puissante au sein de l'ésotérisme. L'or qu'ils protègent n'est pas physique, mais représente la connaissance cachée, la vérité suprême que peu sont capables d'atteindre. Pour accéder à ce trésor, il faut traverser des épreuves, confronter ses propres ombres et faire preuve de courage face à l'inconnu. Le dragon ne livre pas sa sagesse à ceux qui cherchent des raccourcis ou des récompenses faciles. Seuls ceux qui sont véritablement engagés dans leur cheminement spirituel peuvent franchir le seuil de sa présence.

Les anciens savaient que les dragons représentaient bien plus que des bêtes mythiques. Dans diverses cultures, rois, empereurs et chamans cherchaient leur bénédiction et leur guidance. En Orient, les empereurs chinois se déclaraient descendants du dragon, ce qui leur conférait autorité et sagesse divines. En Occident, les chevaliers qui affrontaient les dragons symbolisaient la lutte contre leurs propres peurs et limitations. Dans les tribus indigènes, le serpent ailé était vu comme un esprit ancestral qui guidait les initiés à travers les mystères de l'existence.

Ceux qui ressentent un appel à comprendre les dragons dans un contexte holistique doivent approfondir leur symbolisme, mais plus encore, ils doivent apprendre à ressentir leur présence. Le contact avec ces énergies ne se fait pas seulement par l'esprit rationnel, mais à travers la perception sensible et l'abandon au processus de connexion spirituelle. Certaines pratiques peuvent faciliter cette approche, comme la méditation ciblée, l'étude des éléments naturels et la quête de la connaissance de soi.

Les dragons représentent le commencement et la fin, le chaos et l'ordre, le mystère et la révélation. Ils existent dans une fréquence au-delà de la compréhension commune, mais se rendent présents pour ceux qui désirent réellement emprunter le chemin de la sagesse. Au moment opportun, ils se manifestent, guidant ceux qui sont prêts à s'éveiller à une réalité bien plus vaste que celle que les yeux peuvent voir.

Chapitre 2
Les Dragons dans l'Histoire et les Mythologies

Dès les origines de l'humanité, les dragons ont émergé comme des symboles énigmatiques, traversant des cultures et des civilisations qui n'avaient pourtant aucun contact entre elles. La récurrence de ces créatures dans des mythologies si diverses soulève des questions intrigantes : ne seraient-ils que le fruit de l'imagination collective, ou bien les vestiges de quelque chose de plus profond, une mémoire ancestrale partagée ? La manière dont ils ont été dépeints a largement varié, mais leur présence a toujours été liée aux forces fondamentales de l'univers, que ce soit en tant qu'agents de destruction, gardiens de sagesse ou entités cosmiques équilibrant l'ordre et le chaos. Leur signification a transcendé le temps, influençant tout, depuis les premières écritures jusqu'aux mythes modernes, démontrant que les dragons ne sont pas seulement des êtres mythiques, mais de puissantes représentations de la relation humaine avec l'inconnu.

Les premières civilisations ont laissé des traces présentant les dragons comme des figures primordiales, associées au commencement de la création et à la structuration du cosmos. Dans les cultures mésopotamiennes, égyptiennes et hindoues, les dragons et serpents colossaux personnifiaient à la fois le chaos primordial et la sagesse éternelle. Ces entités étaient vues comme des forces vives modelant la réalité, et leur présence dans les mythes n'était pas fortuite : elles représentaient le lien entre les domaines spirituels et matériels, influençant aussi bien l'équilibre des forces naturelles que les destins humains. Dans certaines traditions, les dragons étaient des êtres à défier, exigeant courage et sacrifice de ceux qui cherchaient à les surpasser ; dans d'autres, ils étaient vénérés comme des sources de pouvoir et de connaissance, accessibles uniquement à ceux qui étaient dignes de leur présence.

Indépendamment de la forme qu'ils ont revêtue au fil des âges, les dragons sont demeurés des symboles de pouvoir occulte et de transformation. Leurs représentations varient, allant d'êtres diabolisés dans les traditions occidentales à des divinités célestes dans la mythologie orientale, révélant que leur essence a toujours reflété les valeurs et les croyances des sociétés qui les ont évoqués. En analysant les histoires et les mythes qui les entourent, nous percevons que les dragons ne sont pas seulement des créatures fantastiques, mais des archétypes profonds qui continuent d'influencer la psyché humaine et la compréhension spirituelle. La quête de leur véritable signification va au-delà de la mythologie, se connectant au mystère de l'existence et au désir humain de comprendre les forces invisibles qui régissent le monde.

En Mésopotamie, berceau de l'une des premières écritures de l'humanité, nous trouvons le mythe de la déesse Tiamat. Représentée comme un dragon colossal, Tiamat symbolisait le chaos primordial d'où le monde fut engendré. Sa bataille contre Marduk, le dieu de l'ordre, devint une métaphore de l'équilibre entre création et destruction, une idée qui se répéterait dans d'autres mythologies. La figure du dragon comme être chaotique et puissant, souvent combattu par une divinité héroïque, s'est enracinée dans diverses cultures ultérieures.

Dans l'Égypte Ancienne, Apophis, le serpent du chaos, menaçait de dévorer le soleil durant son voyage nocturne à travers le monde souterrain. Seule la force de Rê, le dieu solaire, maintenait cette entité draconique sous contrôle. La bataille constante entre Rê et Apophis représentait le cycle éternel du jour et de la nuit, de l'ordre et du chaos, démontrant que les dragons étaient associés à des aspects cosmiques fondamentaux.

Dans la tradition hindoue, la figure des nagas se distingue. Ces êtres serpentins, souvent décrits comme mi-humains, mi-dragons, sont considérés comme les gardiens de la sagesse et des fleuves sacrés. Le serpent cosmique Ananta Shesha, sur lequel repose Vishnu, représente l'éternité et le soutien de l'univers. Contrairement aux récits occidentaux où les dragons sont fréquemment des antagonistes, dans la culture védique, ils assument un rôle d'équilibre et de protection.

La mythologie chinoise a élevé les dragons à un niveau céleste, en faisant des symboles de sagesse, de prospérité et d'autorité divine. Différents des représentations occidentales, les dragons chinois n'étaient pas nécessairement ailés, mais plutôt serpentiformes, et gouvernaient les éléments naturels. Le dragon azur dominait les eaux et les pluies, étant vénéré par les empereurs qui cherchaient à maintenir l'harmonie climatique dans leurs royaumes. Dans les temples et lors des festivals, la présence des dragons symbolisait la chance et le renouveau, renforçant la croyance qu'ils étaient des êtres bienveillants et indispensables à l'ordre cosmique.

Les peuples nordiques avaient une vision plus sombre des dragons, souvent associés à la destruction et à l'avarice. Nidhogg, l'un des plus redoutés, rongeait les racines d'Yggdrasil, l'arbre du monde, menaçant l'équilibre de l'univers. La présence de dragons comme Fafnir, dont la cupidité le transforma en un monstre maléfique, renforçait l'idée que ces êtres représentaient des défis pour les héros, étant des symboles des tentations et des obstacles du voyage spirituel.

Dans la tradition chrétienne, le dragon a assumé un rôle diabolisé. L'iconographie médiévale dépeignait fréquemment Saint Georges terrassant un dragon, symbole de la victoire de la foi sur les forces du mal. L'Apocalypse décrit Satan comme un grand dragon rouge, soulignant l'idée que ces créatures étaient associées au danger et à l'hérésie. Cette interprétation contrastait fortement avec la vision orientale, où les dragons étaient honorés et respectés.

Les cultures indigènes d'Amérique possédaient également des récits sur des serpents ailés et des dragons. Les Aztèques vénéraient Quetzalcóatl, le serpent à plumes, comme un dieu créateur et bienveillant, responsable de la transmission de la connaissance et de la civilisation. Les Mayas avaient la figure de Kukulkán, une divinité similaire, qui gouvernait aussi les cieux et les eaux. Ces entités draconiques étaient associées à la fertilité et au renouveau, montrant une approche plus spiritualisée du sujet.

Si les dragons n'avaient été que des inventions mythologiques, pourquoi seraient-ils apparus dans des cultures si éloignées, avec des caractéristiques si similaires ? Certains érudits ésotériques croient que les dragons pourraient avoir été des êtres réels, présents en des temps reculés, et que leur retrait du plan physique aurait donné naissance à ces légendes. D'autres soutiennent que les dragons représentent des archétypes de l'inconscient humain, se manifestant comme des symboles de la force intérieure et du chemin d'évolution personnelle.

Ce qui est clair, c'est que les dragons ont joué un rôle crucial dans la construction de la cosmovision des peuples anciens. Qu'ils soient vus comme gardiens, adversaires ou divinités, leur présence a influencé les religions, les rituels et la structure même des mythes. La manière dont ils ont été compris a varié selon la culture, mais leur signification profonde est demeurée : les dragons symbolisent le pouvoir latent, la connaissance occulte et la transformation.

De nombreux occultistes et érudits modernes tentent de retrouver la véritable essence des dragons, les libérant des distorsions et des craintes propagées par des influences culturelles et religieuses ultérieures. Dans certaines traditions spirituelles contemporaines, un effort est fait pour se reconnecter à l'énergie draconique, cherchant à comprendre ce que ces entités représentaient pour les anciens et comment leur sagesse peut être appliquée à l'éveil de la conscience humaine.

L'histoire des dragons n'appartient pas seulement au passé. Leurs influences peuvent encore être ressenties aujourd'hui, que ce soit dans le symbolisme des rêves, dans les pratiques spirituelles ou dans la quête d'une compréhension plus profonde de la réalité. Comprendre les multiples facettes des dragons à travers l'histoire nous permet de voir au-delà des représentations conventionnelles, accédant à une connaissance ancestrale qui peut révéler des vérités oubliées sur le chemin même de l'humanité.

Chapitre 3
Les Dragons dans l'Ésotérisme et la Spiritualité

La présence des dragons dans la spiritualité et l'ésotérisme transcende les frontières des légendes et des mythologies, se manifestant comme une force vivante qui influence le voyage humain à des niveaux subtils et profonds. Dans diverses traditions occultistes, ces êtres sont reconnus comme les gardiens du savoir ancestral, détenteurs d'une sagesse qui remonte à l'origine du cosmos. Pour de nombreux érudits de l'occultisme, les dragons ne sont pas seulement des figures symboliques, mais des consciences interdimensionnelles qui interagissent avec ceux qui démontrent la maturité spirituelle nécessaire pour accéder à leur énergie. Leur connexion avec les éléments de la nature, avec les cycles de transformation et avec les mystères de l'univers en fait des entités puissantes, capables d'aider au développement personnel et à l'expansion de la conscience. Quiconque cherche à comprendre leur véritable essence perçoit que les dragons représentent un appel à la connaissance de soi, défiant les individus à affronter leurs ombres et à les transcender.

Au fil de l'histoire, différentes écoles ésotériques et traditions spirituelles ont associé les dragons à des forces primordiales de transmutation et d'évolution. En Alchimie, par exemple, le dragon symbolise le processus de purification et de renaissance, étant un archétype fondamental dans la quête de la Pierre Philosophale. L'Ouroboros, représenté par un dragon ou un serpent dévorant sa propre queue, exprime la nature cyclique de l'existence, la fusion entre le début et la fin, la dissolution de l'ego et l'intégration de l'être avec le tout. Dans l'Hermétisme, les dragons sont vus comme les protecteurs du savoir occulte, garantissant que seuls ceux qui sont préparés puissent accéder aux secrets de la création. De nombreux ordres mystiques décrivent les dragons comme des êtres qui agissent sur les plans supérieurs, guidant ceux qui font preuve de discipline, de respect et de compréhension de leur nature énergétique.

La connexion avec les dragons peut se produire de diverses manières, que ce soit par des rêves révélateurs, des visions pendant des états méditatifs ou des expériences énergétiques qui témoignent de leur présence. Certaines traditions magiques utilisent des rituels spécifiques pour établir un lien avec ces entités, évoquant leur énergie pour la protection, l'orientation et le renforcement spirituel. Dans les pratiques chamaniques, les dragons sont considérés comme des esprits ancestraux qui aident à la guérison, à la transition entre les dimensions et à l'harmonie entre le corps, l'esprit et l'âme. Le réveil de l'énergie draconique, cependant, ne se produit pas de manière aléatoire ou superficielle : il exige engagement, courage et un cœur ouvert pour comprendre les transformations que ces êtres peuvent apporter. En se connectant à un dragon, le pratiquant entame un voyage de découverte de soi, où les illusions sont dissoutes et des vérités profondes sont révélées. C'est un chemin de pouvoir, mais aussi de grande responsabilité, réservé à ceux qui sont prêts à emprunter une voie d'évolution authentique.

Au cours de l'histoire, des écoles de mystères et des sociétés occultistes ont décrit les dragons comme des entités interdimensionnelles, possédant une sagesse qui remonte aux origines de la création. Certaines traditions affirment que les dragons ne sont pas seulement des figures mythologiques, mais des consciences vivantes qui résident sur des plans subtils et se manifestent à ceux qui possèdent la vibration nécessaire pour interagir avec leur énergie. Cette vision suggère que les dragons n'ont pas quitté la Terre, mais se sont simplement éloignés du regard humain, attendant le moment où l'humanité sera prête à recevoir à nouveau leur enseignement.

Dans les études alchimiques, les dragons sont fréquemment représentés comme des symboles de transformation et de transmutation. La figure du dragon dévorant sa propre queue, connue sous le nom d'Ouroboros, représente le cycle éternel de la vie, de la mort et de la renaissance. Ce symbole est utilisé pour illustrer la nature cyclique de l'existence et le processus d'évolution spirituelle par lequel tout chercheur doit passer. Le dragon alchimique est également associé à la flamme intérieure qui consume les impuretés de l'être, permettant à l'essence véritable de se manifester.

Dans la tradition de l'Hermétisme, les dragons sont décrits comme les gardiens du savoir sacré, maintenant la sagesse occulte hors de portée de ceux qui ne sont pas préparés à la recevoir. De nombreux textes ésotériques avertissent que tenter d'accéder à cette connaissance sans préparation peut mener à la destruction, car l'énergie des dragons est intense et transformatrice. Seuls ceux qui font preuve de discipline, d'humilité et de courage peuvent franchir les portails qui mènent à la compréhension de leurs mystères.

Dans le Chamanisme, les dragons sont vus comme des esprits ancestraux qui aident les praticiens à naviguer entre les mondes. Dans certaines cultures indigènes, le serpent ailé représente la sagesse suprême et la connexion avec les cieux. Les chamans qui communiquent avec ces énergies rapportent que les dragons enseignent l'équilibre des éléments et l'harmonie entre le corps, l'esprit et l'âme. Le contact avec ces forces exige respect et engagement, car les dragons ne répondent pas aux invocations banales ou aux demandes égoïstes.

Dans le contexte des énergies subtiles, les dragons sont également associés aux quatre éléments de la nature. Chaque type de dragon vibre sur une fréquence spécifique et manifeste une énergie correspondante :

Les dragons de feu sont symboles de pouvoir, de transmutation et de courage. Ils aident à éveiller la force intérieure et à détruire les schémas limitants.

Les dragons d'eau travaillent avec la fluidité émotionnelle, l'intuition et la guérison. Leur énergie est douce, mais profonde, aidant à dissoudre les blocages internes.

Les dragons de terre offrent protection et stabilité, connectant ceux qui cherchent sécurité et structure dans leur voyage spirituel.

Les dragons d'air élargissent la conscience et favorisent la clarté mentale, la communication avec les plans supérieurs et la compréhension des connaissances occultes.

La connexion avec les dragons peut se manifester de diverses manières. Certaines personnes rapportent des rencontres avec ces entités en rêve, où les dragons apparaissent comme des guides transmettant des messages ou enseignant des leçons importantes. D'autres ressentent leur présence pendant des états méditatifs, percevant des images, des sensations thermiques ou des vibrations énergétiques intenses. Il y a aussi ceux qui canalisent leur énergie lors de rituels, utilisant des symboles spécifiques, des mantras et des visualisations pour établir un contact plus profond.

L'une des pratiques spirituelles les plus courantes pour se connecter aux dragons est la méditation guidée. Dans ce processus, le pratiquant entre dans un état de relaxation profonde et visualise un dragon apparaissant dans son champ énergétique. L'objectif n'est pas de contrôler ou de commander la créature, mais plutôt d'être réceptif à ce qu'elle souhaite transmettre. La communication avec les dragons se fait de manière intuitive, à travers des impressions sensorielles, des images mentales ou même des messages télépathiques.

Les dragons apparaissent également dans diverses traditions magiques. Dans certaines branches de la magie cérémonielle, ils sont évoqués comme gardiens de portails interdimensionnels ou comme alliés dans des travaux de protection et de renforcement énergétique. Dans le druidisme et les pratiques païennes, les dragons sont liés aux forces primordiales de la Terre et peuvent être honorés à travers des rituels naturels. Certains ordres ésotériques utilisent des sceaux et des runes spécifiques pour invoquer leur présence et obtenir une guidance spirituelle.

Le retour des dragons dans la conscience collective est perçu par de nombreux spiritualistes comme un signe du changement vibratoire de la planète. D'aucuns disent que ces êtres se manifestent à nouveau parce que l'humanité s'éveille à un nouveau niveau de conscience. L'élévation de l'énergie planétaire rendrait possible un contact plus direct avec les dragons, permettant à leurs messages et enseignements d'être compris de manière plus claire.

Tout le monde n'est pas préparé à cette connexion. L'énergie des dragons exige de la responsabilité, car leur influence peut accélérer les processus internes et faire remonter à la surface des aspects qui doivent être travaillés. Beaucoup de ceux qui cherchent ce contact sans être prêts finissent par affronter des défis inattendus, car la présence draconique expose les illusions et les schémas limitants qui doivent être transformés. Ceux qui désirent suivre ce chemin doivent être disposés à affronter leur propre ombre et à passer par un processus de purification et de renforcement spirituel.

L'étude des dragons dans l'ésotérisme et la spiritualité ne se limite pas à des croyances ou des dogmes. Elle représente un appel pour ceux qui ressentent une affinité profonde avec ces êtres et désirent comprendre leur rôle dans l'évolution humaine. L'énergie draconique n'appartient pas à une seule tradition, mais se manifeste de formes variées, guidant toujours ceux qui cherchent la vérité au-delà des apparences.

Pour ceux qui ressentent la présence des dragons et souhaitent approfondir cette connexion, le chemin est ouvert. Il requiert patience, respect et la disposition à apprendre de ces entités ancestrales. Les dragons sont des maîtres exigeants, mais aussi de puissants alliés pour ceux qui comprennent réellement leur essence et acceptent le voyage qu'ils proposent.

Chapitre 4
Pourquoi Sont-ils Partis ?

La relation entre les dragons et l'humanité a toujours été enveloppée de mystère, dépeinte dans des mythes et des traditions qui traversent les âges. Durant des ères, ces êtres furent considérés comme des gardiens du savoir, des alliés spirituels et des forces cosmiques agissant tant sur le plan matériel que dans les royaumes subtils de l'existence. Cependant, à un certain moment de l'histoire, les récits de rencontres avec des dragons se sont faits rares, leur présence a cessé d'être consignée, et l'humanité en est venue à les considérer comme de simples figures légendaires. Que s'est-il donc passé pour que ces êtres disparaissent apparemment ? Cette question résonne dans divers courants ésotériques, qui cherchent des réponses non seulement dans l'histoire, mais aussi sur les plans spirituels et dans les lois occultes qui régissent la réalité.

L'une des explications les plus répandues au sein des traditions mystiques suggère que les dragons ne sont jamais vraiment partis, mais se sont simplement dissimulés dans des dimensions supérieures ou des états vibratoires qui échappent à la perception ordinaire. Selon cette perspective, leur retrait du monde visible serait directement lié au déclin de la conscience spirituelle de l'humanité. Dans des temps reculés, des civilisations avancées telles que l'Atlantide et la Lémurie auraient maintenu un contact direct avec les dragons, utilisant leur savoir pour élargir leur compréhension de l'univers et développer des capacités extraordinaires. Cependant, à mesure que ces sociétés commencèrent à abuser de ce pouvoir, ignorant les principes d'équilibre et de respect qui soutenaient cette relation, les dragons se seraient éloignés, se protégeant ainsi de la corruption humaine et évitant que leur sagesse ne soit mal employée.

Une autre théorie avance que le départ des dragons ne fut pas volontaire, mais plutôt imposé par des forces qui craignaient leur influence. Certaines traditions évoquent une époque de grands conflits spirituels, au cours de laquelle des êtres puissants cherchèrent à subjuguer ou à emprisonner les dragons, scellant leur énergie dans des lieux cachés ou réduisant leur présence à un état latent. Ces histoires mentionnent l'existence de portails et de vortex énergétiques où l'essence draconique demeure endormie, attendant le moment propice pour s'éveiller à nouveau. Certaines cultures interprètent les montagnes, les grottes sacrées et même certaines formations rocheuses comme des vestiges pétrifiés de ces êtres, suggérant que leur présence peut encore être ressentie par ceux qui possèdent une sensibilité énergétique suffisante pour les percevoir. Quelle que soit l'explication, l'éloignement des dragons de la réalité humaine a représenté plus qu'une simple disparition – il a marqué un changement profond dans la connexion entre l'humanité et les forces primordiales de l'univers.

Certains courants ésotériques affirment que les dragons ne sont jamais partis, mais se sont seulement retirés du plan visible, se cachant dans des dimensions supérieures ou dans des états vibratoires que la plupart des êtres humains ne peuvent percevoir. Selon cette vision, l'humanité a perdu la capacité d'interagir avec les dragons parce que sa propre vibration s'est densifiée et déconnectée des énergies subtiles qui régissent les plans spirituels. À mesure que la conscience collective s'est éloignée des principes naturels et sacrés, les dragons se sont retirés pour protéger leur propre existence et éviter l'utilisation abusive de leur pouvoir.

De nombreux récits mystiques suggèrent qu'il fut un temps où humains et dragons coexistaient en harmonie. Des civilisations anciennes, comme les Lémuriens et les Atlantes, auraient maintenu une connexion directe avec ces êtres, utilisant leur sagesse pour élargir leur compréhension de l'univers et développer des technologies spirituelles avancées. Cependant, lorsque ces civilisations commencèrent à s'effondrer en raison de l'abus de connaissance et d'énergie, les dragons se seraient progressivement éloignés, ne laissant que des traces de leur présence dans les mythes et les légendes.

Une autre théorie ésotérique suggère que les dragons ne sont pas seulement partis, mais ont été scellés ou emprisonnés par des forces qui redoutaient leur puissance. Des récits indiquent l'existence de portails ou de lieux spécifiques où l'énergie draconique demeure endormie, attendant le bon moment pour s'éveiller. Certaines traditions parlent de dragons pétrifiés, dont les corps seraient devenus des montagnes, des îles ou des formations rocheuses qui portent encore leur vibration ancestrale. Des lieux comme la Muraille du Dragon en Chine ou certaines chaînes de montagnes à travers le monde sont désignés comme de possibles vestiges de ces entités endormies.

La disparition des dragons peut également être comprise sous un angle symbolique. Dans diverses traditions spirituelles, les dragons représentent des forces cosmiques d'une grande intensité, souvent liées à l'éveil de la conscience et à la transformation personnelle. L'éloignement de ces énergies pourrait indiquer une période de l'humanité où l'accent a été mis sur le matérialisme, la fragmentation du savoir et la déconnexion des réalités subtiles. Le retrait des dragons serait donc une métaphore de la perte de la sagesse ancestrale et de la capacité à accéder aux dimensions plus élevées de l'existence.

Certaines écoles ésotériques affirment que les dragons ne sont pas partis définitivement, mais restent accessibles à ceux qui se consacrent à les retrouver. Pour ces érudits, les dragons continuent d'agir comme guides spirituels et gardiens du savoir occulte, mais ne se révèlent qu'à ceux qui font preuve de respect et de préparation. Des récits contemporains d'expériences mystiques suggèrent que des individus initiés à certaines pratiques parviennent à établir le contact avec les dragons par le biais de rêves, de projections astrales, de méditations profondes et de rituels spécifiques.

La disparition des dragons pourrait être liée à la chute vibratoire de l'humanité. De nombreuses traditions spirituelles soutiennent que la Terre a déjà connu des cycles de haute fréquence énergétique, où les êtres humains possédaient une plus grande connexion avec les royaumes spirituels et les forces élémentaires. À mesure que les sociétés ont progressé sur le plan matériel mais se sont déconnectées spirituellement, la fréquence de la planète a diminué, rendant difficile le contact avec des entités telles que les dragons. Cela expliquerait pourquoi, dans les temps anciens, les dragons étaient des figures si présentes et, au fil des siècles, ne sont devenus que des mythes.

Le retour des dragons a été mentionné dans diverses canalisations spirituelles modernes, indiquant que ces êtres se rapprochent progressivement de l'humanité. Cette idée s'aligne sur la théorie selon laquelle la Terre traverse un nouveau processus d'ascension vibratoire, permettant de rétablir des connexions spirituelles autrefois perdues. De nombreux spiritualistes croient que les dragons attendent que l'humanité retrouve sa conscience élevée pour pouvoir interagir à nouveau directement avec ceux qui seront prêts.

La tradition tibétaine conserve une vision intéressante des dragons, les associant aux nuages d'orage et aux changements climatiques. Les lamas affirment que les dragons n'ont jamais disparu, mais continuent d'influencer les événements naturels et se manifestent lors de moments de grande transformation. Selon cette perspective, l'énergie draconique peut être ressentie dans les cycles de renouveau de la Terre, dans les changements brusques de conscience et dans les révélations qui surgissent pendant les périodes de transition mondiale.

L'étude des dragons au sein de l'ésotérisme et de la spiritualité révèle que ces entités sont bien plus que de simples figures mythiques. Elles représentent des forces ancestrales qui façonnent la réalité et qui, à certains moments de l'histoire, ont été plus proches de l'humanité. Leur disparition apparente peut être comprise comme un éloignement nécessaire, une phase de silence avant un nouveau cycle d'éveil. Pour ceux qui désirent retrouver les dragons, le chemin ne réside pas dans une quête extérieure, mais dans la reconnexion avec la sagesse intérieure et dans l'élévation de leur propre vibration spirituelle.

Si les dragons sont réellement partis, certains indices suggèrent que leur retour est proche. L'intérêt croissant pour la spiritualité, l'énergie des éléments et la reconnexion avec le sacré pourrait être un signe que l'humanité se prépare à ces retrouvailles. L'appel des dragons n'a jamais complètement cessé. Il a simplement attendu le bon moment pour être entendu à nouveau.

Chapitre 5
Le Retour des Dragons

La prophétie du retour des dragons n'est pas seulement un mythe perdu dans les pages du temps, mais un appel qui résonne au plus profond de la conscience collective de l'humanité. Depuis les civilisations anciennes, des récits suggèrent que ces êtres majestueux n'ont jamais complètement disparu ; ils se sont simplement retirés dans des royaumes subtils, attendant le moment propice pour se manifester à nouveau. Leur retour, selon diverses traditions spirituelles et ésotériques, est directement lié à la transformation planétaire, à l'élévation de la conscience humaine et à la restauration de l'équilibre énergétique de la Terre. Les dragons représentent des forces primordiales qui agissent dans les coulisses de l'existence, et leur éveil serait le reflet de la nécessité de reconnecter l'humanité avec la sagesse ancestrale et avec les lois naturelles qui régissent l'univers.

Différentes cultures préservent des récits qui annoncent cette renaissance draconique. Certaines lignées ésotériques affirment que les dragons sont restés dans un état de dormance, se protégeant de la dégradation spirituelle de l'humanité. D'autres croient que leur énergie n'a jamais cessé d'agir, mais que seuls ceux qui sont véritablement préparés peuvent les percevoir. Des témoignages modernes d'expériences spirituelles indiquent que de nombreuses personnes ont ressenti la présence des dragons en rêves, en méditations et lors de pratiques mystiques, comme si leur énergie redevenait accessible. Ces rencontres ne sont pas de simples coïncidences, mais des signes que l'humanité recouvre sa capacité à s'accorder avec des forces subtiles qui étaient auparavant hors de sa portée.

Le retour des dragons ne doit pas être interprété comme un événement physique, où des créatures ailées surgiraient dans les cieux, mais plutôt comme une réactivation de leur énergie et de leur influence sur la Terre. Leur éveil symbolise un moment de transition, où d'anciennes connaissances sont retrouvées et où de nouvelles possibilités spirituelles s'ouvrent à ceux qui cherchent la vérité. Ceux qui ressentent cet appel intuitif sont invités à approfondir leur connexion avec ces êtres, en respectant leur sagesse et en comprenant que leur présence est un rappel du pouvoir intérieur que chaque individu porte en lui. L'éveil draconique est un processus interne et, en même temps, un phénomène collectif qui marque le début d'une nouvelle ère, où l'équilibre entre l'humanité, la nature et le cosmos peut être restauré.

Des textes anciens et des écrits occultistes mentionnent que le retrait des dragons ne fut pas un abandon, mais une mesure de protection. Certaines lignées spirituelles soutiennent que les dragons, percevant la dégradation de la conscience humaine et l'éloignement des lois naturelles, ont décidé de se cacher pour éviter que leur savoir ne soit corrompu ou utilisé à des fins égoïstes. Ils ne pouvaient permettre que leur pouvoir soit exploité par ceux qui recherchaient la domination plutôt que la sagesse. Ainsi, ils se sont éloignés vers d'autres dimensions ou ont réduit leur vibration à un état où seuls les véritablement préparés pourraient les trouver.

Les prophéties évoquant le retour des dragons sont souvent associées à des périodes de grande transformation planétaire. Certaines traditions spirituelles indiquent que ce retour est directement lié à l'ascension de la Terre vers une nouvelle fréquence vibratoire. Alors que l'humanité s'éveille à une conscience plus élevée, devenant plus réceptive aux réalités subtiles, les dragons pourraient se manifester à nouveau pour aider dans ce processus de transition. Ce concept est fréquemment relié aux changements énergétiques ressentis à travers le monde, manifestés par une sensibilité spirituelle accrue, la quête de reconnexion avec la nature et un intérêt croissant pour les savoirs ancestraux.

Certaines visions mystiques suggèrent que les dragons ont toujours été proches, mais endormis en des lieux spécifiques de la planète, attendant le moment adéquat pour s'éveiller. Les lieux sacrés, où l'énergie de la Terre est plus intense, sont souvent associés à la présence draconique. Il existe des récits selon lesquels certaines montagnes, grottes et îles posséderaient des connexions directes avec ces entités, étant des points d'activation pour ceux qui savent comment y accéder. Les lignes ley, ces flux d'énergie qui parcourent la planète, sont également mentionnées comme des voies par lesquelles la force des dragons peut revenir à la surface.

Dans la tradition chinoise, les dragons sont liés à l'équilibre des forces naturelles. Lorsqu'il y a disharmonie dans le monde, on dit que les dragons se retirent dans les cieux ou plongent dans les profondeurs de la terre et des océans, attendant que l'ordre soit restauré. Certaines interprétations suggèrent que le retour des dragons ne sera pas visible au sens physique, mais sera une réactivation de leur énergie, influençant le cours des événements humains et éveillant ceux qui possèdent une affinité avec leur vibration.

De nombreux spiritualistes rapportent que la présence des dragons peut être à nouveau ressentie à travers les rêves, les méditations et les expériences d'expansion de conscience. Il y a des témoignages de personnes qui n'avaient jamais pensé à ces êtres, mais qui, soudainement, ont commencé à recevoir des visions ou des intuitions liées aux dragons. Certaines décrivent des rencontres sur les plans astraux, où elles reçoivent des enseignements ou des instructions pour préparer l'humanité à un nouveau cycle d'existence. Ces récits ne sont pas isolés, et de nombreuses cultures ésotériques les interprètent comme des signes que les dragons reviennent graduellement.

La relation entre les dragons et la transformation planétaire peut également être observée dans l'impact des changements qui surviennent sur Terre. Les événements climatiques extrêmes, les déplacements énergétiques et les crises mondiales sont considérés par certaines lignées spirituelles comme faisant partie du processus d'éveil, et les dragons agiraient en coulisses pour stabiliser ces transitions. Dans certaines traditions chamaniques, on croit que les dragons ont une influence directe sur les éléments de la nature et que leur retour coïncide avec des moments où l'équilibre naturel doit être restauré.

L'idée que les dragons reviennent se manifeste aussi symboliquement par l'intérêt croissant pour leur symbolisme. De plus en plus de personnes cherchent à comprendre leur essence, ressentant une connexion intuitive avec ces êtres, même sans en saisir pleinement la raison. Ce phénomène peut être interprété comme un appel intérieur, un éveil progressif de la conscience à des réalités qui étaient endormies.

Ceux qui croient en la prophétie du retour des dragons voient ce moment comme une opportunité de récupérer la sagesse oubliée. La connaissance que gardent les dragons ne concerne pas seulement le cosmos ou les mystères de l'existence, mais aussi l'essence même de l'être humain. Ils enseignent l'équilibre, le courage, la transformation et la connexion avec les forces qui régissent l'univers. Leur retour ne doit pas être envisagé comme un événement externe, mais comme un processus interne, où l'humanité doit se montrer digne d'accéder à nouveau à cette sagesse.

Le retour des dragons n'est pas seulement une légende ancienne ou un mythe symbolique. Pour ceux qui ressentent leur présence, c'est un rappel que le voyage spirituel de l'humanité entre dans une nouvelle phase. L'éveil draconique ne se produira pas pour tous, mais seulement pour ceux qui chercheront cette connexion avec honnêteté et respect. L'énergie draconique ne peut être ni forcée, ni manipulée, mais elle peut être accueillie par ceux qui se montrent prêts à suivre le chemin de la sagesse.

La prophétie du retour des dragons n'est pas un événement futur, mais quelque chose qui est déjà en cours. Leur présence peut être ressentie par ceux qui sont attentifs aux signes, qu'il s'agisse de rêves, de rencontres subtiles ou d'un appel intérieur à rechercher des connaissances depuis longtemps oubliées. Les retrouvailles entre humains et dragons représentent non seulement la restauration d'un lien ancien, mais aussi l'ascension vers une nouvelle compréhension de l'existence et du rôle de l'humanité dans l'équilibre cosmique.

Chapitre 6
Les Dragons et les Quatre Éléments

Les dragons sont des entités ancestrales, profondément liées aux forces primordiales de l'univers. Ils agissent comme des gardiens et des catalyseurs pour les énergies fondamentales qui soutiennent toute existence. Bien plus que de simples créatures mythiques, ils représentent la manifestation consciente des quatre éléments – le feu, l'eau, la terre et l'air – et sont dépositaires d'une sagesse et d'un pouvoir immenses. Leur présence se ressent dans toutes les traditions spirituelles et philosophiques qui cherchent à comprendre la structure énergétique du cosmos. Chaque dragon résonne avec un élément spécifique, canalisant ses forces et équilibrant les dynamiques naturelles qui gouvernent la réalité. Ce lien ne se limite pas à la mythologie ; il reflète une vérité cachée sur l'interconnectivité entre les êtres vivants et les flux énergétiques qui parcourent la création. Depuis des temps immémoriaux, les dragons sont vénérés comme des ponts entre les plans matériels et subtils, guidant ceux qui désirent approfondir l'harmonie des éléments et accéder aux mystères cachés de l'existence.

L'interaction entre les dragons et les éléments ne se situe pas seulement au niveau symbolique, mais relève d'une relation vibratoire qui façonne la manière dont ces forces s'expriment dans le monde. Le feu représente la flamme de la transformation et de la volonté indomptable, l'élan créateur et le renouvellement constant. L'eau symbolise la fluidité émotionnelle et la sagesse intuitive, le reflet de l'inconscient et des profondeurs de l'âme. La terre incarne la stabilité, le fondement de la matérialisation et de la protection, tandis que l'air porte la liberté de la pensée, la clarté mentale et la connexion avec les dimensions supérieures. Les dragons, en tant qu'entités interdimensionnelles, agissent comme des transmetteurs de ces énergies, servant de lien entre l'humanité et les éléments essentiels de la vie. Quiconque apprend à reconnaître et à respecter cette connexion trouve un chemin de connaissance de soi et d'expansion, car les éléments ne sont pas seulement externes ; ils se manifestent également à l'intérieur de chaque individu, reflétant les aspects internes de la psyché et de l'esprit.

    La quête de l'équilibre entre les quatre éléments est, en réalité, une invitation à l'intégration de l'être avec l'univers. Les dragons enseignent qu'il n'y a pas de suprématie entre ces forces, car toutes sont indispensables à l'harmonie de l'existence. Ceux qui souhaitent comprendre leur essence doivent se permettre de ressentir la présence de ces énergies dans leur quotidien – dans la flamme qui réchauffe et purifie, dans l'eau qui nourrit et guérit, dans la terre qui soutient et renforce, dans l'air qui inspire et connecte. En reconnaissant l'influence des dragons sur ces aspects, il devient possible d'accéder à un niveau plus profond de perception et de syntonie avec la nature et avec soi-même. Les dragons élémentaires, loin d'être de simples mythes, sont des entités vivantes dans les royaumes subtils, toujours prêtes à partager leur sagesse avec ceux qui se montrent prêts à apprendre.

Le lien des dragons avec les éléments n'est pas seulement symbolique, il est énergétique. Ils vibrent en harmonie avec ces forces et agissent comme des intermédiaires entre le plan physique et les royaumes subtils. En comprenant comment les dragons interagissent avec chaque élément, il devient possible d'accéder à leurs énergies de manière plus consciente, permettant une connexion profonde avec la nature et avec son propre pouvoir intérieur.

Les dragons de feu représentent l'énergie transformatrice de la création et de la destruction. Ils sont les symboles de l'élan vital, de la force de volonté et de l'éveil de la conscience. Leur présence est intense et embrase tout ce qui n'est pas aligné avec la vérité, brûlant les illusions et renforçant ceux qui cherchent l'évolution. L'énergie des dragons de feu est associée à la transmutation, à la renaissance et au courage nécessaire pour traverser les défis et surmonter les peurs. Travailler avec cette énergie exige de l'équilibre, car le feu peut aussi bien illuminer que consumer.

Les dragons d'eau symbolisent la fluidité des émotions et la profondeur de l'intuition. Ils sont les gardiens des sentiments, de l'inconscient et des mystères qui résident dans les eaux cachées de l'âme. Ils aident à la guérison émotionnelle, à l'expansion de la sensibilité et à la connexion avec les mémoires ancestrales. Tout comme l'eau peut être douce et sereine ou violente et destructrice, ces dragons enseignent à gérer les flux de la vie, en acceptant les changements et en apprenant à naviguer à travers les défis avec sagesse.

Les dragons de terre sont les piliers de la stabilité et de la protection. Ils représentent la force de la matérialisation, la connexion aux racines et le soutien des structures énergétiques. Leur présence apporte sécurité et alignement, aidant à construire des bases solides pour tout voyage spirituel. Ils sont associés à la patience, à la résistance et à la sagesse ancestrale qui se manifeste à travers la terre et ses cycles. L'énergie de ces dragons aide au renforcement du corps, à la guérison physique et à l'alignement avec la force vitale de la nature.

Les dragons d'air sont des messagers de la sagesse cosmique, responsables de l'expansion de l'esprit et de la communication interdimensionnelle. Ils représentent la clarté de pensée, l'inspiration et la capacité à transcender les limitations. Travailler avec leur énergie permet d'accéder à de nouvelles perspectives, de comprendre des vérités cachées et de développer des compétences intuitives plus aiguisées. Les dragons d'air sont également responsables de l'ouverture des chemins vers la connexion avec les plans supérieurs, facilitant la communication avec les êtres spirituels et permettant un flux plus harmonieux d'idées et d'intuitions.

La relation entre les dragons et les éléments n'est pas figée, car ils peuvent transiter entre ces énergies selon les besoins. Certains portent des caractéristiques mixtes, unissant la puissance du feu à la fluidité de l'eau ou la solidité de la terre à la légèreté de l'air. Ces dragons hybrides sont plus rares et sont généralement invoqués dans des situations spécifiques, lorsque l'intégration de multiples aspects de la réalité s'avère nécessaire.

La connexion avec les dragons élémentaires peut être établie à travers l'observation et le respect des forces naturelles. Chaque personne porte en elle la manifestation de ces quatre éléments et, en les équilibrant, devient plus réceptive à la présence des dragons. Travailler avec les éléments est un chemin pour mieux comprendre sa propre essence, en développant une relation plus consciente avec le monde environnant.

Les dragons ne gouvernent pas seulement les éléments, mais enseignent aussi comment les utiliser de manière équilibrée. Ceux qui recherchent la sagesse draconique apprennent qu'aucun élément n'est supérieur à un autre, car tous font partie d'un unique flux énergétique. Le feu peut donner la vie ou consumer, l'eau peut guérir ou noyer, la terre peut soutenir ou emprisonner, et l'air peut apporter la clarté ou la confusion. La véritable maîtrise réside dans le fait de savoir comment travailler avec chaque énergie au bon moment.

Les dragons et les éléments sont profondément connectés à l'éveil spirituel. De nombreuses traditions spirituelles utilisent les éléments comme base pour leurs pratiques, que ce soit dans le chamanisme, l'alchimie ou la magie cérémonielle. Les dragons apparaissent dans ces traditions comme des gardiens des portails énergétiques, aidant ceux qui cherchent à comprendre et à manipuler ces forces avec sagesse et respect.

La présence des dragons élémentaires peut être perçue dans la nature, lors de phénomènes climatiques intenses, dans des lieux de grande puissance énergétique ou même lors d'expériences personnelles de transformation. Lorsqu'une personne se connecte profondément à un élément, que ce soit par un moment d'introspection au bord de la mer, par la chaleur d'une flamme, par le contact avec la terre ou par la sensation du vent, il est possible qu'elle ressente la présence d'un dragon correspondant, se manifestant subtilement pour transmettre une leçon ou un message.

Ceux qui souhaitent établir un contact plus profond avec les dragons élémentaires peuvent utiliser des pratiques telles que la méditation, la visualisation créative et la connexion directe avec les éléments de la nature. Créer un environnement propice à cette interaction, en respectant les cycles naturels et en s'ouvrant à l'expérience, peut faciliter la perception de ces forces subtiles.

Les dragons et les éléments sont des parties inséparables de l'existence, reflétant à la fois les forces de l'univers et les aspects internes de chaque individu. Comprendre cette connexion est une étape importante pour accéder à la sagesse draconique et pour développer une relation plus équilibrée avec les énergies qui soutiennent la réalité. À mesure que l'humanité s'éveille à cette compréhension, les dragons commencent à se manifester à nouveau, guidant ceux qui sont prêts à recevoir leur enseignement et leur protection.

Chapitre 7
Dragons de Feu

L'énergie des dragons de feu pulse telle une force primordiale qui défie et transforme tout ce qu'elle touche. Ces entités draconiques ne sont pas de simples symboles de la flamme ardente, mais des manifestations vivantes du feu sacré qui imprègne l'existence. Elles représentent le principe de création et de destruction, l'énergie qui stimule l'évolution, défiant ce qui stagne et ravivant la volonté de croissance. Leur présence se fait sentir dans les moments de grande transition, lorsque d'anciens schémas doivent être consumés pour laisser place au nouveau. Ils sont les gardiens de l'éveil spirituel, apportant la lumière de la conscience pour éclairer ce qui était caché et dissoudre les illusions. Le feu des dragons n'est ni docile ni complaisant ; il exige du courage de ceux qui l'invoquent, car son action est intense et irréversible. Celui qui se connecte à cette énergie est appelé à abandonner ses limitations, à briser ses barrières et à devenir un agent actif de sa propre transformation.

Les dragons de feu vibrent à la fréquence du courage et de la force intérieure. Leur énergie éveille la flamme de la détermination, impulsant ceux qui hésitent face à l'inconnu. Ils sont maîtres de la transmutation, aidant à surmonter les peurs, à se libérer des entraves émotionnelles et à fortifier l'esprit. Contrairement à d'autres forces protectrices qui offrent un soutien doux, les dragons de feu enseignent par la confrontation et l'expérience directe. Ils n'éliminent pas les obstacles, mais donnent à ceux qui les affrontent les capacités nécessaires. Leur but n'est pas d'offrir un chemin facile, mais de renforcer ceux qui parcourent le chemin de la connaissance de soi et de l'autonomisation. En travaillant avec cette énergie, il est nécessaire de comprendre que le feu peut tout aussi bien éclairer et réchauffer que consumer et détruire. Il exige respect et maîtrise, car son intensité, si elle est incontrôlée, peut mener à l'impulsivité et au chaos.

Ceux qui ressentent l'appel des dragons de feu doivent être disposés à embrasser le changement sans crainte. Leur présence marque le début d'un cycle de transformation profonde, où tout ce qui ne résonne pas avec la vérité intérieure sera consumé par les flammes. Ce processus, bien qu'exigeant, conduit à la renaissance, à l'expansion de la conscience et à l'éveil du véritable potentiel. Se connecter à un dragon de feu signifie accepter que le voyage sera intense, mais aussi libérateur. Sa flamme ne détruit pas par cruauté, mais pour faire place à quelque chose de plus fort et d'authentique. En acceptant cette énergie et en apprenant à la canaliser avec sagesse, il devient possible d'accéder à un pouvoir intérieur inébranlable, capable de façonner la réalité avec clarté, passion et détermination.

Le feu est associé à l'énergie vitale, à l'élan créateur et au renouveau. Tout comme une flamme peut consumer ce qui n'est plus utile et permettre la naissance de quelque chose de nouveau, les dragons de feu aident au processus de transmutation intérieure. Ils enseignent à brûler les limitations, à dissoudre les peurs et à accroître la force intérieure. Ils sont les gardiens du courage, du dynamisme et de la volonté de fer, encourageant ceux qui se connectent à leur énergie à dépasser les obstacles et à surmonter les défis avec détermination.

La présence d'un dragon de feu peut se faire sentir lors de grands changements et de crises, lorsque la vie exige transformation et renouveau. Son énergie est intense et souvent inconfortable, car elle ne permet pas la stagnation. Là où il y a résistance au changement, le feu brûle, forçant une restructuration complète. Ce processus peut se manifester dans divers domaines de la vie, des relations personnelles aux changements professionnels et aux défis spirituels.

Sur le plan spirituel, les dragons de feu sont liés à l'éveil de la conscience. Leur flamme intérieure éclaire les vérités cachées et dissout les illusions, permettant une vision plus claire du chemin à suivre. Ils activent la force du chakra du plexus solaire, où réside l'énergie de la volonté, de la confiance en soi et de la capacité d'agir. Travailler avec cette énergie renforce la détermination et la capacité de manifester ses intentions dans le monde matériel.

L'énergie des dragons de feu est aussi profondément liée à la purification. Ils consument les énergies denses et les blocages émotionnels, permettant au flux vital de retrouver son état naturel. Ce processus peut être exigeant, car il demande que les vieux schémas et les croyances limitantes soient confrontés et éliminés. De nombreuses personnes rapportent des expériences intenses en travaillant avec cette force, ressentant une chaleur corporelle, des impulsions à agir et un éveil de l'intuition instinctive.

Les dragons de feu sont des alliés puissants pour ceux qui souhaitent rompre avec le passé et entamer une nouvelle phase de leur vie. Ils enseignent l'importance du détachement, car le feu ne peut être ni contenu ni emprisonné. Pour suivre leur chemin, il faut faire confiance au processus et permettre à la transformation de se produire. Lorsque cette énergie est acceptée, elle apporte renouveau et autonomisation, permettant à l'individu de prendre le contrôle de son propre parcours.

De nombreuses traditions spirituelles associent les dragons de feu à l'archétype du guerrier spirituel, celui qui affronte ses ombres et ses défis avec bravoure. Ils ne sont ni complaisants ni protecteurs au sens traditionnel, car leur but n'est pas d'éviter les difficultés, mais de renforcer ceux qui les affrontent. Leur enseignement principal est l'autosuffisance et la découverte de son propre pouvoir intérieur.

La connexion avec les dragons de feu peut être établie par des pratiques méditatives, des visualisations et un contact direct avec l'élément feu. Allumer des bougies ou faire des feux et méditer devant les flammes peut être une manière puissante d'accéder à cette énergie. Des mantras et des invocations spécifiques peuvent également être utilisés pour appeler leur présence et demander conseil. Cependant, cette énergie ne doit pas être recherchée de manière irresponsable, car son intensité peut être écrasante pour ceux qui ne sont pas préparés.

Les dragons de feu enseignent également l'équilibre. Bien que leur énergie soit transformatrice, l'excès peut conduire à la destruction et à la perte de contrôle. Tout comme le feu a besoin de limites pour être utile, la force intérieure doit être canalisée avec sagesse pour ne pas devenir impulsivité ou agressivité. Celui qui apprend à maîtriser cette flamme intérieure devient maître de sa propre énergie, capable d'agir avec détermination sans être consumé par l'excès de pouvoir.

L'appel des dragons de feu résonne chez ceux qui sont prêts à changer et à évoluer. Leur présence marque le début d'un voyage d'autonomisation et de transformation, où tout ce qui n'est pas vrai sera consumé par les flammes. Ceux qui acceptent cette énergie apprennent que le feu ne détruit pas par cruauté, mais pour faire place à quelque chose de nouveau et de plus aligné avec l'essence véritable. Le chemin de la transmutation est intense, mais il mène à la renaissance et à l'éveil de la véritable force intérieure.

Chapitre 8
Dragons d'Eau

Les dragons d'eau émergent des profondeurs de l'inconscient tels des gardiens du flux émotionnel et du savoir ancestral. Contrairement aux forces impétueuses et transformatrices du feu, ces dragons agissent de manière subtile, modelant les émotions et guidant les individus à travers les cycles naturels de la vie. Ils sont la personnification de la fluidité, enseignant que l'adaptation et l'acceptation sont les voies vers l'harmonie et la croissance intérieure. Leur domaine s'étend aux océans, aux rivières et aux pluies, reflétant la capacité de l'eau à nourrir, purifier et transformer. La connexion avec ces êtres invite à l'introspection, incitant ceux qui recherchent leur sagesse à plonger profondément en eux-mêmes pour comprendre les couches cachées de leurs émotions, de leurs peurs et de leurs rêves. Leur appel n'est pas tonitruant, mais plutôt un murmure dans les marées de l'âme, guidant doucement vers la clarté et l'équilibre.

L'eau a le pouvoir de sculpter les montagnes, de franchir les barrières avec persévérance et de refléter la vérité avec une pureté cristalline. De même, les dragons qui portent cette essence enseignent l'importance de la patience et de la confiance dans les processus naturels de l'existence. Ils sont maîtres du détachement et du lâcher-prise, démontrant que la résistance ne fait qu'amplifier la souffrance, tandis que l'acceptation ouvre la voie à une transformation authentique. En interagissant avec leurs énergies, il devient possible d'accéder à des mémoires ancestrales et de révéler des vérités cachées qui sommeillaient dans les profondeurs de l'esprit. Ils sont les protecteurs de l'inconscient et des mystères qui se cachent sous la surface de la réalité, apportant des messages à travers les rêves, les visions et les intuitions soudaines. Pour ceux qui s'harmonisent avec leur vibration, les dragons d'eau offrent une guidance silencieuse, aidant à naviguer à travers les défis de la vie avec sérénité et compréhension.

La présence de ces dragons peut être perçue dans les moments de grande transition émotionnelle, lorsque des sentiments refoulés refont surface ou lorsque l'âme aspire à la clarté et à la guérison. Leur énergie n'impose pas, mais invite à la connaissance de soi, permettant à chacun de découvrir sa propre vérité par la contemplation et le flux naturel de la vie. Travailler avec l'énergie des dragons d'eau requiert une ouverture au ressenti, à l'intuition et aux signes subtils de l'univers. Ceux qui apprennent d'eux développent une connexion profonde avec leur propre essence, devenant plus réceptifs à la sagesse du cœur et aux cycles qui régissent l'existence. Tout comme l'eau façonne la terre, les enseignements de ces dragons transforment la perception de la réalité, montrant que la véritable force ne réside pas dans la rigidité, mais dans la capacité à s'adapter et à flui avec confiance.

L'eau a le pouvoir de s'adapter à n'importe quelle forme, de contourner les obstacles et de sculpter les montagnes avec le temps. Il en va de même pour les dragons qui appartiennent à cet élément. Ils enseignent l'importance de la flexibilité et de l'acceptation, montrant que la résistance cause souvent une souffrance inutile. Leur énergie permet aux émotions refoulées d'être mises en lumière et traitées de manière saine, aidant à dissoudre les blocages émotionnels qui entravent la croissance spirituelle et personnelle.

Les dragons d'eau sont particulièrement liés au monde des rêves et des visions. Beaucoup de personnes rapportent des rencontres avec ces êtres dans des états de conscience modifiés, où ils se manifestent sous des formes ondulantes et lumineuses, apportant des messages qui semblent émerger des profondeurs du subconscient. Contrairement aux dragons de feu, qui défient et stimulent, les dragons d'eau murmurent des vérités douces, encourageant l'introspection et l'écoute intérieure.

L'énergie de l'eau est connectée aux émotions et à la fluidité des sentiments. Lorsqu'une personne se sent piégée dans des schémas émotionnels destructeurs ou dans des douleurs du passé, les dragons d'eau aident au processus de guérison, dissolvant les tensions et apportant la clarté. Leur présence peut être ressentie dans les moments d'introspection profonde, lorsqu'il y a un besoin de comprendre ses propres émotions et de libérer ce qui ne sert plus.

Tout comme les océans cachent des mystères insondables, les dragons d'eau gardent également des connaissances oubliées par l'humanité. Certaines traditions ésotériques affirment que ces êtres conservent les archives de civilisations perdues et de secrets ancestraux, stockés dans les courants énergétiques de la planète. Ceux qui parviennent à accéder à leur sagesse sont capables de comprendre des schémas cachés de l'histoire et d'accéder à des informations qui transcendent le temps et l'espace.

Les dragons d'eau enseignent aussi le pouvoir du lâcher-prise et de la confiance. Contrairement à l'énergie active des dragons de feu, qui exigent action et détermination, les dragons d'eau enseignent l'importance de flui avec les événements de la vie, sans résistance ni peur. Cela ne signifie pas la passivité, mais plutôt une acceptation sage des cycles naturels de l'existence. Quand on apprend à flui, la vie devient plus harmonieuse, et les défis sont affrontés avec sérénité.

La connexion avec ces dragons peut être renforcée par le contact avec l'eau sous ses diverses formes. Les bains dans les rivières, les mers ou les cascades, ainsi que les pratiques méditatives près de l'eau, peuvent faciliter cette interaction. La visualisation d'un dragon d'eau pendant la méditation peut ouvrir des canaux de communication avec son énergie, permettant aux messages intuitifs d'émerger plus clairement.

Les dragons d'eau sont également liés au chakra du cœur et au chakra sacré, lieux où les émotions et l'énergie créatrice circulent. Travailler avec cette énergie aide à ouvrir le cœur à l'amour inconditionnel et à développer une intuition plus aiguisée. Les personnes qui ont une affinité avec ces dragons sont généralement sensibles, empathiques et possèdent une forte connexion avec le monde émotionnel et psychique.

Ceux qui entrent en syntonie avec les dragons d'eau apprennent que la véritable force ne réside pas dans la rigidité, mais dans la capacité d'adaptation. L'eau ne résiste pas, mais contourne. Elle ne lutte pas, mais transforme. Sa sagesse réside dans sa capacité à flui et à trouver son chemin, quels que soient les obstacles qui surgissent. En comprenant cette leçon, il devient possible de naviguer dans la vie avec plus de légèreté et d'équilibre, confiant que tout suit le juste cours.

Les dragons d'eau sont toujours présents, guidant ceux qui se permettent de plonger dans leur propre profondeur. Leur énergie apaise, guérit et éveille. Pour ceux qui cherchent la sagesse et la compréhension, ils révèlent des vérités cachées et apportent des prises de conscience qui peuvent transformer complètement la façon dont on perçoit la réalité. Travailler avec ces dragons, c'est apprendre à faire confiance à sa propre intuition et à se connecter à la fluidité de l'existence.

Chapitre 9
Les Dragons de Terre

Les dragons de terre incarnent la solidité, la résistance et la connexion profonde aux forces primordiales qui soutiennent l'existence. Ils sont les gardiens des cycles naturels et les détenteurs de la sagesse ancestrale, enseignant que la véritable force ne réside pas dans la hâte ou l'impulsivité, mais dans la construction patiente et soignée des fondations qui portent la vie. Leur énergie est dense et stabilisatrice, offrant la sécurité à ceux qui recherchent l'équilibre et la structure. Contrairement aux forces changeantes du feu et de l'eau, qui représentent la transformation et la fluidité, les dragons de terre enseignent la valeur de la constance, de la discipline et de la permanence. Ils représentent l'essence même de la matière, rappelant que tout ce qui croît et prospère a besoin d'un sol fertile et ferme. Leurs leçons sont transmises par la patience et le respect du temps, montrant que tout développement véritable doit être ancré dans des bases solides pour perdurer.

Tout comme les montagnes se forment au fil des millénaires, les dragons de terre enseignent que toute construction exige dévouement et persévérance. Leur présence se ressent dans les lieux où l'énergie de la terre se manifeste intensément — grottes, forêts ancestrales, formations rocheuses imposantes et terrains vierges. Ils sont les protecteurs de la mémoire de la planète, gardant des secrets oubliés et des connaissances cachées dans les profondeurs du sol. De nombreux récits spirituels indiquent que la connexion avec ces dragons éveille un sentiment d'appartenance et d'alignement avec les lois naturelles. Contrairement aux forces célestes qui élargissent la conscience au-delà du plan matériel, les dragons de terre aident à ancrer l'énergie, garantissant que l'expansion spirituelle se fasse avec équilibre et stabilité. Ce sont de puissants alliés pour ceux qui désirent transformer des idées abstraites en quelque chose de concret, matérialisant les aspirations de manière structurée et consciente.

Œuvrer avec l'énergie des dragons de terre, c'est comprendre que la hâte affaiblit souvent les fondations sur lesquelles on construit sa vie. Ils enseignent à respecter le temps nécessaire à chaque processus, rappelant que tout a son propre rythme de croissance. La connexion avec ces dragons peut être renforcée par l'immersion dans la nature, le contact direct avec la terre et l'observation des cycles naturels. Les méditations impliquant la visualisation de racines profondes, renforçant la connexion avec l'essence terrestre, aident à s'accorder à leur énergie stabilisatrice. Ceux qui apprennent des dragons de terre découvrent que le véritable pouvoir ne réside pas seulement dans la capacité d'avancer, mais dans l'habileté à soutenir, protéger et préserver. Lorsque l'on comprend cette leçon, il devient possible de construire une vie fondée sur la sécurité, la solidité et l'harmonie avec les forces primordiales de l'univers.

La terre est la base sur laquelle toute vie se développe. C'est elle qui fournit nourriture, abri et soutien, assurant que tout ait une fondation solide pour croître. De même, les dragons de terre enseignent l'importance de la patience, de la persévérance et du respect des cycles naturels. Leur présence rappelle que rien ne se construit sans fondations et que la hâte mène souvent à l'instabilité. Œuvrer avec cette énergie signifie comprendre que chaque chose a son temps et que la véritable croissance se produit de manière graduelle et constante.

De nombreuses traditions anciennes associent les dragons de terre aux montagnes, aux grottes et aux forêts. Ces lieux, considérés comme sacrés, sont vus comme des portails où l'énergie de la terre se manifeste plus intensément. Il existe des récits de méditations et d'expériences spirituelles où des personnes ont ressenti la présence de ces dragons dans des lieux reculés, comme s'ils protégeaient des secrets ancestraux cachés dans les profondeurs de la terre.

Ces dragons sont également considérés comme les gardiens de trésors cachés. Contrairement à ce que suggèrent les légendes populaires, ces trésors ne sont pas seulement des richesses matérielles, mais plutôt des connaissances anciennes, stockées dans des lieux protégés pour ceux qui démontrent la maturité nécessaire pour y accéder. La métaphore du dragon dormant sur un tas d'or symbolise la sagesse ancestrale qui attend d'être découverte par ceux qui comprennent réellement sa valeur.

L'énergie des dragons de terre est celle de la protection et de la résistance. Ils aident à créer des barrières énergétiques contre les influences négatives et à renforcer le champ aurique de ceux qui recherchent sécurité et équilibre. De nombreuses personnes travaillant dans le domaine de la spiritualité rapportent que la connexion avec ces dragons procure un sentiment de solidité et de sécurité, comme si elles étaient enveloppées par une force qui maintient tout en ordre et aligné.

Dans le corps humain, cette énergie est associée au chakra racine, situé à la base de la colonne vertébrale. Ce chakra régit le sentiment de sécurité, la connexion à la réalité physique et la stabilité émotionnelle. Lorsque ce centre énergétique est fort, la personne se sent ancrée dans son parcours, confiante et résistante aux défis extérieurs. Les dragons de terre aident à l'activation de ce chakra, contribuant à construire une base solide pour tout type de croissance, qu'elle soit matérielle, émotionnelle ou spirituelle.

Ceux qui se connectent avec les dragons de terre apprennent l'importance du respect des lois naturelles. Contrairement aux dragons de l'air, qui recherchent l'expansion, ou aux dragons de feu, qui stimulent la transformation, les dragons de terre enseignent l'art de la patience et de la constance. Tout dans la nature suit un rythme, et tenter d'accélérer les processus peut mener au déséquilibre. Cette leçon se reflète dans la vie quotidienne, où apprendre à attendre le bon moment pour chaque chose apporte des résultats beaucoup plus solides et durables.

La relation avec l'énergie des dragons de terre peut être renforcée par le contact direct avec la nature. Marcher pieds nus, toucher les arbres, sentir la texture de la terre dans ses mains sont des moyens simples mais puissants de se reconnecter à cette énergie. Les méditations axées sur la visualisation de racines s'enfonçant profondément dans le sol, se connectant à l'énergie primordiale de la Terre, sont également efficaces pour renforcer cette connexion.

Les dragons de terre sont de grands alliés pour ceux qui désirent construire quelque chose de durable dans leur vie. Qu'il s'agisse de projets, de relations ou d'un chemin spirituel, ils enseignent que tout ce qui a de la valeur doit être cultivé avec patience et dévouement. Leur présence inspire sécurité et confiance, assurant que les fondations soient suffisamment solides pour supporter n'importe quel défi.

L'énergie de ces dragons rappelle qu'il n'y a pas de véritable croissance sans fondations. Avant de s'étendre, il faut s'enraciner. Avant d'avancer, il faut se renforcer. Et avant d'atteindre de grandes hauteurs, il est nécessaire d'avoir une base solide sur laquelle s'appuyer. Œuvrer avec les dragons de terre, c'est accepter ce principe et comprendre qu'au moment opportun, tout fleurit et se manifeste de la manière la plus équilibrée et harmonieuse possible.

Chapitre 10
Dragons de l'Air

Les dragons de l'air incarnent l'essence même de la liberté, de la sagesse et de l'expansion de la conscience. Ce sont des forces subtiles qui transcendent les limitations du monde matériel. Ils représentent l'intellect aiguisé, l'intuition élevée et la connexion avec les plans supérieurs de l'existence. Contrairement aux dragons de terre, qui ancrent et stabilisent, ou aux dragons de feu, qui propulsent et transforment avec intensité, les dragons de l'air agissent comme des messagers de la connaissance cosmique. Ils portent la légèreté du vent et la profondeur des pensées qui voyagent au-delà du temps et de l'espace. Ce sont des maîtres de la communication, inspirant des idées, des intuitions et des compréhensions qui semblent souvent surgir de nulle part, mais qui sont en réalité des souffles de sagesse insufflés par ces êtres éthérés. Leur présence se fait sentir comme un appel à la quête de la compréhension, à l'élargissement des perspectives et à la libération des chaînes de la pensée limitée.

L'air est un élément invisible, mais indispensable à la vie, et il en va de même pour les dragons qui lui appartiennent. Ils se manifestent à travers une intuition soudaine, des idées novatrices et une clarté mentale qui jaillit tel un éclair de lumière au milieu de l'obscurité du doute. Ils sont les gardiens des connaissances ancestrales et interdimensionnelles, reliant ceux qui les cherchent à l'immensité de l'univers et à ses infinies possibilités. Dans de nombreuses traditions spirituelles, ils sont vus comme des êtres qui aident à la communication avec les plans élevés, aidant à comprendre des messages qui ne peuvent être captés uniquement par les sens physiques. Leur énergie résonne dans le souffle du vent, le vol des oiseaux, le mouvement des nuages et le silence chargé de sens qui précède une grande révélation. La connexion avec ces dragons se fait dans l'espace entre les pensées, là où l'esprit s'apaise suffisamment pour percevoir les vérités qui ont toujours été là, attendant d'être découvertes.

Travailler avec l'énergie des dragons de l'air est une invitation à l'expansion et à la transformation intellectuelle et spirituelle. Ils enseignent que la rigidité de la pensée limite l'évolution et que la véritable sagesse réside dans la flexibilité et la capacité de voir au-delà des apparences. Ils inspirent la créativité, la curiosité et le désir d'explorer de nouvelles voies, aidant ceux qui se connectent à leur essence à dissoudre les croyances limitantes et à accepter que la connaissance n'est jamais statique, mais plutôt un flux continu de découvertes. Pour établir cette connexion, il est essentiel de cultiver le silence, la contemplation et l'observation de la nature, permettant à l'esprit de devenir un ciel ouvert, prêt à recevoir les messages que le vent transporte. Ceux qui s'harmonisent avec les dragons de l'air apprennent à faire confiance à leur intuition, à percevoir les signes subtils autour d'eux et à embrasser la liberté de pensée, comprenant que le voyage de l'apprentissage n'a jamais de fin, mais est un vol éternel vers une compréhension plus profonde de l'univers et de soi-même.

L'élément air est invisible, mais essentiel. Il est présent à chaque instant, remplissant l'espace autour de nous et soutenant la vie à chaque respiration. Tout comme le vent transporte les graines vers des terres lointaines, les dragons de l'air disséminent les idées, connectent les dimensions et inspirent ceux qui sont prêts à écouter. Ils sont connus pour leur capacité à apporter des messages de l'univers, se manifestant par des intuitions soudaines, des perceptions précises et une sensation de clarté mentale qui peut sembler surgir de nulle part.

Les cultures anciennes associaient fréquemment les dragons de l'air à des êtres qui maîtrisaient les cieux et servaient d'intermédiaires entre les mondes. Dans de nombreuses mythologies, dieux et esprits supérieurs voyageaient montés sur des dragons ailés, symbolisant leur capacité à transcender les limites du monde physique. Dans les traditions chamaniques, le vent et les courants d'air étaient considérés comme des canaux de communication entre les esprits et les êtres humains, et les dragons de l'air étaient vus comme des guides capables de transmettre des connaissances sacrées à ceux qui parvenaient à s'accorder à leur fréquence.

Ceux qui cherchent la connexion avec les dragons de l'air sont généralement des personnes qui ressentent un appel à élargir leur conscience et à accéder à des niveaux de compréhension plus élevés. Ces dragons travaillent avec l'intellect et la perception, aidant à développer l'intuition et la communication spirituelle. Lorsqu'un dragon de l'air s'approche, il est courant que sa présence soit perçue comme une légèreté dans l'environnement, un souffle d'inspiration ou même des signes dans la nature, comme des changements soudains du vent.

Le chakra associé aux dragons de l'air est le chakra de la gorge, qui gouverne la communication et l'expression. Travailler avec cette énergie renforce la capacité de s'exprimer avec clarté, que ce soit verbalement, artistiquement ou spirituellement. Beaucoup de personnes qui développent cette connexion trouvent plus de facilité à traduire leurs idées en mots, à accéder à de nouvelles formes de connaissance et à communiquer avec d'autres plans d'existence.

Les dragons de l'air sont également liés à la capacité de voyager entre les dimensions. Certaines traditions ésotériques affirment qu'ils peuvent ouvrir des portails vers des réalités supérieures, permettant à ceux qui se connectent à leur énergie d'avoir des aperçus d'autres existences et de comprendre des aspects de l'univers qui seraient normalement hors de portée de l'esprit humain. Leur présence peut être ressentie dans des états méditatifs profonds, où le flux des pensées devient plus clair et l'esprit semble s'étendre au-delà de ses limites habituelles.

La connexion avec les dragons de l'air peut être cultivée à travers des pratiques impliquant la respiration consciente, la méditation en plein air et la contemplation du ciel. Observer les nuages en mouvement, sentir la brise sur le visage et prêter attention au rythme du vent sont des moyens subtils mais puissants d'entrer en syntonie avec cette énergie. Certaines personnes rapportent que, en demandant conseil à ces dragons, elles reçoivent des réponses inattendues par le biais de coïncidences, de paroles d'étrangers ou même de messages qui semblent surgir spontanément dans leur esprit.

Les dragons de l'air enseignent aussi l'importance de la légèreté et de l'adaptabilité. Tout comme le vent change de direction sans effort, ces dragons montrent que la rigidité mentale et la résistance aux changements peuvent être des obstacles à l'évolution. Ceux qui apprennent à flotter avec l'énergie de l'air découvrent que la vie devient plus harmonieuse lorsqu'ils s'autorisent à changer de perspective et à accepter de nouvelles possibilités.

Cependant, tout comme une tempête peut surgir soudainement, l'énergie des dragons de l'air peut aussi apporter des moments de turbulence. Lorsque leur présence est forte, des pensées accélérées, des intuitions intenses et une sensation d'agitation peuvent apparaître. Cela se produit parce que leur vibration active l'esprit, stimulant la recherche de réponses et de nouvelles directions. Pour équilibrer cette énergie, il est important de maintenir des moments de pause et d'introspection, permettant aux idées de s'organiser naturellement.

Les dragons de l'air sont de grands alliés pour ceux qui désirent élargir leurs horizons et comprendre l'interconnexion entre toutes choses. Ils aident à dissoudre les illusions, à percevoir les schémas cachés et à accéder à des connaissances qui étaient hors de portée de l'esprit conscient. Souvent, leur présence marque le début d'une période d'éveil spirituel, où la perception de la réalité s'élargit et de nouvelles vérités commencent à émerger.

Ceux qui se connectent avec les dragons de l'air apprennent que la sagesse ne se trouve pas seulement dans les livres ou dans les mots, mais aussi dans les espaces entre eux. Le silence, le vent et le mouvement des nuages portent des messages pour ceux qui savent écouter. Travailler avec cette énergie, c'est s'ouvrir à l'inconnu, permettant au flux de l'univers d'apporter les bonnes réponses au bon moment.

Le voyage avec les dragons de l'air est une invitation à élever l'esprit, à élargir la conscience et à faire confiance à la sagesse qui circule à travers le cosmos. Leur enseignement principal est que la connaissance véritable ne réside pas dans la rigidité des certitudes, mais dans la liberté d'explorer, de questionner et de découvrir. Ceux qui acceptent cet appel apprennent à voler au-delà des limitations de l'esprit et à voir le monde avec de nouveaux yeux, devenant des voyageurs de la sagesse infinie que les dragons de l'air portent en eux.

Chapitre 11
L'Éveil Spirituel et les Dragons

La présence des dragons sur le chemin de l'éveil spirituel révèle une connexion profonde entre ces entités et la quête humaine de découverte de soi. Depuis des temps immémoriaux, les dragons ont été dépeints comme les gardiens d'un savoir caché, détenteurs de secrets ancestraux auxquels seuls ceux qui sont prêts peuvent accéder. Différentes cultures à travers le monde les décrivent comme des êtres d'une puissance immense, symboles de transformation et de maîtrise des forces naturelles. Leur énergie résonne non seulement avec les aspects de la création et de la destruction, mais aussi avec l'ascension spirituelle, guidant ceux qui sont en quête d'une compréhension plus profonde de l'existence. Dans le contexte de l'éveil de la conscience, les dragons agissent comme de puissants alliés, conduisant l'individu à travers un processus de croissance qui exige courage, discipline et une ouverture sincère à l'évolution. Leur présence, que ce soit par des rêves, des visions ou des intuitions subtiles, indique que l'âme est prête à franchir un nouveau portail de compréhension, se connectant à des dimensions plus élevées de la réalité.

L'éveil spirituel, stimulé par la force des dragons, ne se produit pas de manière aléatoire ou sans but. Il s'agit en vérité d'un appel intérieur, d'une réponse de l'âme à l'aspiration à quelque chose de plus grand que la réalité matérielle. Ce processus peut débuter par un sentiment d'inquiétude, une sensation qu'il y a plus à comprendre au-delà du monde physique. Souvent, ceux qui vivent cette transformation rapportent des rencontres symboliques avec des dragons dans des moments de profonde introspection, comme si ces entités attendaient le moment propice pour se manifester. Ces rencontres ne sont pas de simples coïncidences, mais les reflets d'une connexion qui se renforce à mesure que l'individu élargit sa perception. Les dragons, dans ces cas, agissent comme des catalyseurs, accélérant les changements intérieurs et favorisant une vision plus large de l'existence. Ils aident à dissoudre les blocages énergétiques, à renforcer l'intuition et à éveiller des capacités latentes qui demeuraient endormies. Ainsi, l'interaction avec ces forces spirituelles n'est pas simplement un événement mystique, mais une expérience transformatrice qui reconfigure la manière dont on perçoit son propre parcours.

  Ce lien entre les dragons et l'éveil spirituel se manifeste également dans la manière dont ces êtres défient et éprouvent ceux qui cherchent leur sagesse. Contrairement aux guides spirituels qui offrent des réponses toutes faites ou des chemins sécurisés, les dragons stimulent l'individu à affronter ses peurs, à surmonter les limitations auto-imposées et à reconnaître son véritable potentiel. Ils exigent engagement et respect, car ils ne partagent pas leur savoir avec ceux qui ne font pas preuve de la maturité nécessaire pour le recevoir. Dans de nombreuses traditions ésotériques, le dragon représente l'union des opposés – lumière et ombre, création et destruction, peur et courage. Ce symbolisme reflète le processus même de l'éveil, qui implique de confronter des aspects intérieurs négligés ou refoulés. Ainsi, ceux qui acceptent la présence des dragons dans leur voyage découvrent que la croissance spirituelle ne consiste pas seulement à s'élever vers des plans supérieurs, mais aussi à intégrer toutes les parties de son propre être, trouvant un équilibre entre la force instinctive et la sagesse élevée. Telle est la véritable essence de la transformation que les dragons favorisent : une renaissance qui conduit l'individu à un état de conscience élargie et à une connexion plus profonde avec l'univers.

  L'éveil spirituel est un processus complexe, où l'individu commence à percevoir la réalité au-delà des limitations imposées par le monde matériel. Cet éveil ne se produit pas soudainement pour tout le monde ; souvent, il se déploie graduellement, à mesure que la personne devient plus réceptive aux énergies subtiles. Les dragons jouent un rôle important dans ce processus, car leur énergie aide à lever les blocages, à fortifier l'esprit et à élargir la conscience. Ceux qui entrent en contact avec leur présence rapportent fréquemment une accélération de leur développement spirituel, ressentant un besoin profond de chercher la connaissance et de transformer leur manière de vivre.

  De nombreux récits de connexion avec les dragons commencent par des rêves vifs et des visions intenses. Certaines personnes décrivent des rencontres avec ces êtres dans des paysages grandioses, comme des montagnes imposantes, de vastes océans ou des ciels étoilés. D'autres ressentent leur présence lors de méditations profondes, où l'énergie draconique se manifeste comme une vague de chaleur, un vent soudain ou une sensation intense de puissance intérieure. Ces rencontres ne sont pas de simples créations de l'esprit, mais des expériences réelles de contact avec des fréquences supérieures, où les dragons agissent comme des guides et des maîtres.

L'éveil spirituel guidé par les dragons peut se manifester de diverses manières. Certains dragons agissent comme protecteurs, aidant la personne à se renforcer émotionnellement et spirituellement pour affronter les défis et surmonter les limitations. D'autres dragons enseignent à travers des expériences transformatrices, amenant l'individu à remettre en question ses croyances et à transcender d'anciens schémas. Ce parcours n'est pas toujours facile, car les dragons n'accordent pas leur savoir sans effort et dévouement. Ils éprouvent ceux qui les cherchent, exigeant courage, discernement et respect.

L'énergie des dragons est aussi profondément liée à l'alignement des chakras et au flux énergétique du corps. De nombreux praticiens de la guérison énergétique rapportent que la présence draconique aide à l'activation et à la purification des centres énergétiques, en particulier du plexus solaire et du chakra couronne. Le plexus solaire est le centre de la volonté et du pouvoir personnel, et son activation permet à la personne de prendre le contrôle de son propre chemin.

Quant au chakra couronne, situé au sommet de la tête, il est le portail vers les dimensions supérieures, et lorsqu'il est élargi, il facilite l'accès à la sagesse cosmique.

Ceux qui expérimentent un éveil spirituel sous l'influence des dragons ressentent fréquemment une transformation intérieure profonde. Les peurs qui semblaient auparavant insurmontables commencent à perdre leur force, car l'énergie draconique éclaire la véritable nature de l'être. L'individu commence à voir la vie avec plus de clarté, comprenant que la réalité matérielle n'est qu'une partie d'une existence bien plus vaste. Cet éveil peut également conduire à des changements externes significatifs, tels que de nouvelles orientations de carrière, un nouveau style de vie et des relations interpersonnelles renouvelées.

La connexion avec les dragons n'est pas quelque chose qui peut être forcé. Elle se produit lorsque l'individu est prêt à recevoir leurs enseignements. Certaines personnes peuvent ressentir leur présence dès l'enfance, tandis que d'autres n'établissent cette connexion que plus tard, après avoir traversé des processus internes qui les ont préparées à cette expérience. L'important est que ce contact n'est pas aléatoire – il survient lorsqu'il y a un but réel, que ce soit pour l'apprentissage, la protection ou l'évolution spirituelle.

L'une des manières les plus efficaces d'approfondir cette connexion est par la méditation et la visualisation. Créer un espace de tranquillité et se permettre d'entrer dans un état de réceptivité peut faciliter le contact avec l'énergie draconique. Durant ces pratiques, il est courant que des images ou des sensations surgissent spontanément, indiquant la présence de ces êtres. Certaines personnes rapportent que leurs dragons se présentent sous des formes spécifiques, avec des couleurs et des caractéristiques uniques, chacun représentant un aspect de leur parcours personnel.

Une autre méthode pour renforcer cette connexion est l'observation de la nature. Les dragons sont intimement liés aux éléments, et leurs énergies peuvent être ressenties dans des environnements naturels, tels que les forêts, les montagnes, les rivières et les déserts. Passer du temps dans des lieux où l'énergie de la terre est plus pure peut aider à s'accorder à leur fréquence, rendant plus aisée la perception de leur présence.

Les dragons ne sont pas seulement des symboles spirituels ; ce sont des forces vivantes qui interagissent avec ceux qui sont prêts à les accueillir. Leur énergie est intense et peut accélérer des processus d'éveil qui étaient en sommeil. Cependant, ils ne font pas ce travail seuls. La personne doit être disposée à regarder en elle-même, à affronter ses ombres et à assumer la responsabilité de sa propre évolution.

L'éveil spirituel influencé par les dragons n'est pas un chemin pour tout le monde. Il exige engagement, courage et un désir sincère de transformation. Ceux qui acceptent cet appel découvrent un monde nouveau, où les limites de la réalité s'élargissent et où de nouvelles possibilités s'ouvrent. Les dragons guident ce processus avec force et sagesse, montrant que le voyage spirituel n'est pas une destination fixe, mais bien une évolution constante.

La présence des dragons dans la spiritualité humaine a toujours été liée à la quête de la véritable connaissance. Dans les temps anciens, seuls les initiés avaient accès à leurs mystères, et ceux qui tentaient de s'approcher sans la préparation adéquate échouaient fréquemment. Aujourd'hui, avec l'éveil collectif de l'humanité, ces enseignements deviennent plus accessibles, et de plus en plus de personnes ressentent l'appel à retrouver cette connexion perdue.

L'éveil spirituel est une renaissance. C'est la découverte que le monde va au-delà de ce que les yeux physiques peuvent voir et que la réalité est beaucoup plus vaste et interconnectée qu'on ne l'imagine. Les dragons font partie de ce processus, guidant ceux qui sont prêts à comprendre leur présence et à recevoir leurs enseignements. Pour celui qui ressent cet appel, le voyage ne fait que commencer. Les dragons observent, attendent et, lorsque le moment est venu, se manifestent à ceux qui sont prêts à voler à leurs côtés.

Chapitre 12
Les Portails Énergétiques

Le paysage terrestre est tissé d'un réseau de forces invisibles, des flux énergétiques qui le parcourent telle la pulsation artérielle d'un organisme vivant. Ces canaux d'énergie, désignés par différents noms selon les traditions spirituelles, forment une toile vibrante reliant montagnes, forêts, océans et déserts en un schéma dynamique et interconnecté. Certains points de ce vaste circuit rayonnent d'une intensité singulière, agissant comme des portails énergétiques où la frontière entre le tangible et le subtil devient ténue. Ces lieux sont bien plus que de simples accidents géographiques ; ils représentent des points de convergence entre les forces telluriques et cosmiques, où le flux d'énergie s'intensifie, offrant des expériences de connexion spirituelle, de guérison et d'expansion de la conscience. Les civilisations anciennes, percevant ces émanations, érigèrent des monuments, des temples et des alignements astronomiques pour marquer et amplifier ces espaces, les reconnaissant comme des centres de pouvoir et de sagesse. La présence constante de mythes et de légendes associés à ces endroits révèle que, depuis des temps immémoriaux, l'humanité a ressenti l'impact de ces forces et a cherché à les comprendre.

Dans ce contexte, le lien entre les portails énergétiques et les forces de la nature se révèle de manière encore plus profonde, se manifestant dans la symbolique des dragons. Loin d'être de simples créatures folkloriques, ces entités sont fréquemment décrites comme les gardiens des grands flux énergétiques de la Terre. Dans de nombreuses traditions, les dragons représentent la force primordiale qui serpente à travers la planète, analogue aux lignes d'énergie qui parcourent le sol et se rencontrent dans ces vortex de pouvoir. Les cultures anciennes ont perçu cette correspondance et ont associé les dragons à la protection de grottes sacrées, de rivières ancestrales, de montagnes imposantes et de lieux à forte charge spirituelle. Ces histoires ne sont pas nées par hasard ; elles reflètent une perception intuitive de la nature vivante de ces portails et de la présence d'intelligences spirituelles qui les surveillent et maintiennent leur équilibre. Ainsi, l'interaction avec un portail énergétique ne se limite pas à un phénomène géographique ou magnétique, mais implique un contact avec des forces qui transcendent la matière, ouvrant des portes vers des dimensions plus subtiles de la réalité.

L'expérience humaine avec ces portails varie selon la sensibilité et la disposition de chaque individu. Pour ceux qui s'approchent avec révérence et une intention claire, ces lieux peuvent se révéler comme des points de transformation profonde. Beaucoup rapportent des sensations inexplicables en foulant certains terrains : un fourmillement dans le corps, un changement dans la perception du temps, des rêves vifs ou même des rencontres spirituelles marquantes. Dans certaines cultures, les pèlerins accomplissent des rituels pour « demander la permission » avant de pénétrer dans ces espaces sacrés, reconnaissant la présence des gardiens énergétiques – souvent symbolisés par les dragons eux-mêmes. Cet acte n'est pas une simple formalité, mais une reconnaissance que ces portails ne sont pas de simples anomalies géographiques, mais bien des points de contact entre différents niveaux d'existence. De cette manière, comprendre et respecter les portails énergétiques signifie aussi comprendre l'ancienne connexion entre la Terre, ses flux vitaux et les consciences subtiles qui les habitent.

Dans ce contexte de forces telluriques et subtiles, les dragons se révèlent comme une partie intrinsèque de ce grand organisme planétaire. Diverses cultures à travers le globe ont dépeint les dragons non seulement comme des êtres mythiques, mais aussi comme des personnifications des énergies de la nature. Il est courant que des légendes millénaires situent les dragons dans des montagnes sacrées, des sources thermales, des grottes profondes ou près d'anciens chênes – précisément des lieux associés au flux intensifié de l'énergie terrestre. Cette connexion symbolique suggère que les dragons sont intimement liés aux portails énergétiques, agissant comme gardiens et facilitateurs de ces forces. En termes spirituels, nous pouvons les comprendre comme des intelligences ancestrales qui habitent le champ subtil de la planète, se manifestant à travers ces vortex de pouvoir lorsque certaines conditions sont réunies.

Autour du monde, il existe des traditions qui lient les dragons à des points de grande puissance. En Asie, par exemple, il y a le concept chinois des « lignes du dragon » – les anciens maîtres du feng shui croyaient que des courants d'énergie parcourent la terre en veines sinueuses, et que là où ces lignes se croisent surgissent des lieux d'une force singulière. En ces points, on dit que des dragons célestes se reposent ou veillent. Des montagnes vénérées comme le Mont Kunlun et le Mont Song, en Chine, sont considérées comme des demeures de dragons et coïncident avec des lignes d'énergie vitales du territoire. Au Japon, les légendes du dieu dragon Ryūjin situent sa présence dans des lacs profonds et des sources cristallines ; ce n'est pas un hasard si beaucoup de ces lieux sont considérés comme des portails entre le monde humain et les royaumes spirituels. Les cultures himalayennes racontent également l'existence de dragons cachés dans les sommets et les lacs sacrés du Tibet, associés à des nuages inhabituels et des vents soudains dans les hauteurs silencieuses – signes, disent les moines, de l'activité de forces draconiques invisibles.

En Europe, la correspondance entre portails d'énergie et mythologie draconique est également évidente. Les Celtes et d'autres peuples anciens ont construit des monuments dans des lieux particuliers où l'énergie de la terre semblait vibrer plus intensément. Stonehenge, en Angleterre, et d'autres cercles de pierre ont été érigés sur des veines de force que nous appelons aujourd'hui lignes ley (ley lines). Curieusement, des traditions orales ultérieures associent serpents ou dragons à ces sites, faisant écho à la perception d'un pouvoir serpentin en ces lieux. Dans le folklore gallois, on parle de dragons sous les collines : la légende de Dinas Emrys raconte l'histoire d'un dragon rouge et d'un dragon blanc dormant à l'intérieur de la montagne et se disputant le destin du royaume. La colline associée à cette légende coïncide avec un foyer d'énergie tellurique signalé par les géomanciens modernes. En terres slaves, en Pologne, la colline du Wawel à Cracovie est célèbre pour la légende du Dragon du Wawel, qui vivait dans une grotte sous le château. Coïncidence (ou non), ce même lieu est vénéré par les mystiques actuels comme abritant un « chakra de la Terre », une source d'énergie subtile émanant des roches anciennes. Ainsi, nous observons un schéma : là où existe un portail énergétique puissant, on trouve fréquemment un dragon dans les histoires des peuples, comme si la conscience collective y avait perçu une présence gardienne.

Dans les Amériques, du nord au sud, nous retrouvons également ce lien entre grands serpents ou dragons et lieux de pouvoir. Dans les Andes, le lac Titicaca et Machu Picchu se distinguent comme des centres énergétiques vénérés. Des mythes parlent de serpents titanesques, comme l'Amaru, habitant les profondeurs du Titicaca, tandis que de nombreux visiteurs de Machu Picchu décrivent ressentir un gardien ancestral serpentant à travers les montagnes à l'aube. En Mésoamérique, la civilisation maya nous a légué la pyramide de Kukulkán à Chichén Itzá, dédiée au dieu serpent à plumes – un dragon céleste dont le retour est mis en scène lorsque la lumière de l'équinoxe descend l'escalier sous la forme d'un serpent d'ombres. Ce spectacle n'est pas seulement astronomique, mais aussi symbolique : il représente l'ouverture d'un portail entre le ciel et la terre, un moment où la divinité draconique touche le monde humain avec sa sagesse et sa force.

Mais comment pouvons-nous, individus ordinaires, percevoir et interagir avec ces portails énergétiques ? La clé réside dans l'aiguisement de nos sens subtils et la culture d'une attitude de respect et d'ouverture. Beaucoup de points de pouvoir de la planète ne révèlent pas leur énergie à un observateur distrait ou sceptique. Il est nécessaire de pénétrer ces lieux avec la même révérence que celle avec laquelle on entre dans un temple vivant de la nature. En faisant taire le mental et en calmant notre respiration, nous commençons à ressentir l'environnement différemment : un léger fourmillement dans le corps, ou des changements subtils de température et de densité de l'air ambiant. Parfois, la sensation est émotionnelle – une paix soudaine ou, au contraire, une inquiétude qui ne semble pas venir de nous. Ce sont des indices que nous interagissons avec le champ énergétique local. Des techniques de visualisation peuvent intensifier cette connexion – par exemple, imaginer des racines de lumière jaillissant de nos pieds et pénétrant le sol, ou nous visualiser enveloppés dans une spirale de lumière ascendante reliant le corps et le ciel. Connaître l'histoire et la mythologie du lieu aide également : en évoquant mentalement les symboles du dragon ou du gardien associé, nous synchronisons notre esprit avec l'égrégore spirituel de ce portail.

Interagir avec un portail énergétique exige sensibilité et humilité. Les chamans et les mystiques enseignent que nous devons « demander la permission » aux gardiens du lieu – et ici les dragons jouent un rôle central en tant que gardiens spirituels. En pratique, cela signifie qu'en arrivant dans l'un de ces endroits, on fait une prière ou une intention respectueuse, démontrant bonne volonté et respect pour les forces présentes. On peut, par exemple, toucher la terre avec la paume de la main et mentaliser une salutation à l'esprit du lieu. S'il y a effectivement une présence draconique ou une autre conscience gardienne, cette attitude de révérence aide à ouvrir un canal de communication subtil. Certaines personnes rapportent recevoir des « réponses » de manière intuitive : des impressions, des images mentales ou une clarté de pensée soudaine, comme si le lieu leur confiait des secrets en silence. Interagir, c'est aussi savoir écouter. Rester tranquille, observer la nature environnante – le mouvement du vent, le comportement des animaux, le dessin des nuages – peut offrir des signes. Les dragons ont l'habitude de se manifester de manière voilée : peut-être dans le vol inattendu d'un oiseau, dans un rayon de soleil traversant les arbres au moment opportun, ou même dans un murmure du vent entre les feuilles. Leur langage est la synchronicité, captée par l'intuition.

Le rôle des dragons dans ces portails va au-delà de simplement y habiter ou les surveiller. Ils sont protecteurs, activateurs et mainteneurs des vortex de force. En tant que protecteurs, ils assurent que les énergies restent équilibrées et que les influences négatives ou destructrices ne perturbent pas le lieu sacré. Il existe des histoires de sites de pouvoir qui ont « repoussé » des visiteurs mal intentionnés – dans la perspective mystique, ce serait l'action du gardien draconique bloquant ceux qui pourraient profaner le lieu. D'un autre côté, pour ceux au cœur pur ou les chercheurs sincères, on dit que le dragon du lieu peut se révéler de manière subtile, offrant protection et même guidance. En tant qu'activateurs, les dragons agissent à des moments clés, éveillant le potentiel d'un portail lorsque le moment est venu. Les peuples ancestraux réalisaient des cérémonies pour « réveiller » l'esprit du lieu : ils invoquaient des serpents de lumière émergeant de la terre (c'est-à-dire l'énergie même du dragon) pour renouveler la fertilité et l'harmonie. Ces rituels suggèrent que les dragons, en tant qu'expressions de l'énergie tellurique, s'éveillaient en même temps que la conscience collective lors de cycles sacrés. Enfin, en tant que mainteneurs, ces êtres aideraient à réguler le flux des énergies au fil des siècles. Même lorsqu'un vortex n'est pas évident ou est oublié par les gens, le dragon gardien reste en veille, garantissant que le pouls vital continue de s'écouler. Nous pouvons les imaginer comme des jardiniers invisibles du champ énergétique planétaire – élaguant les excès, renforçant les points affaiblis et guidant le flux pour maintenir l'équilibre entre la Terre et le Ciel.

Les récits d'expériences dans des portails que les gens interprètent comme des rencontres avec des dragons ne manquent pas. Il ne s'agit pas toujours d'une vision claire d'un être ailé et écailleux – en fait, c'est rarement le cas. Les manifestations draconiques sont souvent subtiles, perçues avec l'« œil intérieur » ou dans des rêves inspirés par le séjour dans un lieu sacré donné. Un voyageur ayant passé la nuit près de Stonehenge a rapporté avoir rêvé d'un énorme dragon blanc serpentant entre les pierres sous un ciel étoilé – à son réveil, il a senti qu'il avait reçu un message sur l'union entre ciel et terre. Au Mont Shasta, en Californie, un groupe de méditants a affirmé avoir vu le contour d'un dragon doré se former dans les nuages au-dessus du pic enneigé, suivi d'une vague de béatitude qui les a enveloppés, comme si cette apparition céleste les bénissait.

Il y a aussi des expériences de guérison et de transformation personnelle attribuées à la présence draconique en ces lieux. Une guérisseuse andine a raconté avoir ressenti un fort courant parcourir sa colonne vertébrale en méditant sur les rives du lac Titicaca ; elle a visualisé un serpent lumineux montant en spirale le long de son corps et, après cela, a obtenu de profondes compréhensions et une sensation de purification spirituelle, attribuant le phénomène à la bénédiction de l'esprit gardien du lac. De manière similaire, des pèlerins au Mont Kailash, au Tibet – considéré par certaines traditions comme la demeure d'êtres draconiques – décrivent des états de conscience modifiés pendant la circumambulation de la montagne. Certains rapportent une extase soudaine, comme si une présence aimante et très ancienne les inondait. Ces expériences personnelles renforcent chez ceux qui les vivent la conviction que les dragons ne sont pas seulement des métaphores, mais des réalités subtiles qui habitent les lieux de pouvoir.

Au fur et à mesure que nous explorons les portails énergétiques et la manifestation des dragons, un tableau cohérent se dessine : la Terre, avec son réseau d'énergies subtiles, semble être imprégnée d'une conscience intelligente que de nombreuses cultures ont dépeinte sous la forme du dragon. Ces êtres, à la fois mythiques et réels sur le plan spirituel, seraient des expressions de l'âme même du monde, reliant les lieux sacrés comme les fils d'un grand tapis lumineux. Chaque portail énergétique serait un nœud où le dragon – l'énergie consciente de la Terre – affleure pour interagir avec ceux qui y sont réceptifs. Ainsi, visiter un tel lieu n'est pas seulement du tourisme ou de la curiosité ; cela peut devenir une rencontre transformatrice avec des forces primordiales. Lorsque nous marchons sur un sol consacré par le temps et la vénération de générations, nous marchons aussi sur la trace des dragons. Sentir leur présence, c'est accéder à un niveau plus profond de réalité, où nature et esprit fusionnent.

En somme, les portails énergétiques disséminés à travers le monde fonctionnent comme des points de contact entre notre monde physique et les dimensions subtiles. Ce sont des passages vivants par où s'écoule l'énergie qui nourrit la vie et la conscience planétaire. Et les dragons, loin d'être de simples créatures de conte, émergent comme gardiens et manifestateurs de ces forces. Reconnaître ce lien nous invite à une relation plus révérencieuse avec la Terre. Cela signifie comprendre que chaque montagne sacrée, chaque lac mystérieux, chaque cercle de pierre ancien n'est pas vide – là peut résider la sagesse draconique, silencieuse, attendant ceux qui arrivent le cœur ouvert et l'esprit éveillé. En respectant et en cherchant à comprendre ces vortex et leurs gardiens, nous honorons l'ancienne alliance entre l'humanité et les dragons, la renouvelant pour les temps à venir.

Chapitre 13
Connexion avec les Dragons

La connexion avec les dragons s'opère à un niveau subtil, accessible seulement à ceux qui ont développé la sensibilité nécessaire pour percevoir leur présence. Ces êtres ne se manifestent pas de manière tangible dans le monde physique, mais leur énergie peut être ressentie comme un flux vibrant qui traverse les dimensions et résonne profondément dans l'âme. Cette interaction ne survient pas par hasard, ni ne peut être forcée ; elle s'établit graduellement, à mesure que l'individu élargit sa perception et s'accorde aux fréquences qui soutiennent cette forme de conscience. Les dragons, dans leur aspect spirituel, sont les gardiens du savoir ancestral et les porteurs d'une sagesse primordiale qui transcende le temps et l'espace. Pour ceux qui recherchent cette connexion, il est essentiel de cultiver un état de réceptivité et de respect, comprenant que ces êtres n'interagissent qu'avec ceux qui font preuve de sincérité et de maturité spirituelle.

La présence draconique peut être perçue de différentes manières, selon la sensibilité de chaque individu. Pour certains, elle se manifeste comme une sensation de chaleur intense parcourant le corps, semblable à un subtil courant électrique qui éveille des centres énergétiques endormis. Pour d'autres, c'est un état de sérénité profonde, un silence intérieur qui s'impose et ouvre la voie à des intuitions claires et des prises de conscience transformatrices. Il y a aussi ceux qui expérimentent cette connexion à travers des rêves vifs, où les dragons apparaissent comme des guides ou des protecteurs, transmettant des messages énigmatiques qui deviennent compréhensibles avec le temps. Dans les moments de méditation ou d'introspection, leur présence peut être ressentie comme un champ d'énergie environnant, une pulsation qui modifie la perception de la réalité et élargit la conscience. Ces manifestations ne suivent pas un schéma fixe, car la manière dont chaque personne interagit avec cette énergie dépend de son parcours individuel et du niveau d'harmonie atteint.

Pour établir et renforcer cette connexion, il est nécessaire de développer des pratiques qui augmentent la perception énergétique et l'affinité avec les éléments symbolisant l'essence draconique. La méditation est l'une des voies les plus efficaces, permettant à l'esprit de s'apaiser et de devenir réceptif aux impressions subtiles. Visualiser un espace sacré – comme une montagne imposante, une grotte ancestrale ou un ciel infini – et imaginer la présence d'un dragon peut aider à créer progressivement un lien avec cette énergie. De plus, prêter attention aux signes et synchronicités du quotidien peut révéler l'approche de cette force : des images récurrentes de dragons, des rencontres inattendues avec des références à ces êtres, ou même des changements dans l'énergie environnante sont des indices que la connexion est en train de se former.

Travailler avec les quatre éléments – feu, terre, eau et air – peut également faciliter cet alignement, car les dragons sont souvent associés aux forces primordiales de la nature. Allumer une flamme avec intention, sentir la brise lors d'un moment de contemplation, s'immerger dans des eaux naturelles ou marcher pieds nus sur la terre sont des manières subtiles, mais puissantes, de créer une harmonie avec cette présence ancestrale. Ainsi, la connexion avec les dragons n'est pas seulement un événement mystique isolé, mais un processus continu d'éveil et de transformation, qui exige dévouement, respect et une quête sincère de la connaissance de soi.

L'énergie draconique se manifeste de diverses manières. Certaines personnes décrivent sa présence comme une force intense, une sorte de chaleur ou d'électricité parcourant le corps, tandis que d'autres la perçoivent comme une vague de sérénité et de sagesse profonde. À certains moments, elle peut être ressentie comme un murmure dans l'esprit, une voix ni tout à fait extérieure ni intérieure, mais qui transmet des messages avec une clarté absolue. Dans d'autres cas, elle se manifeste à travers des rêves vifs, où les dragons apparaissent comme des guides ou des protecteurs, transmettant des enseignements qui deviennent plus compréhensibles avec le temps.

Beaucoup de ceux qui ressentent l'énergie des dragons rapportent un changement subtil dans l'environnement qui les entoure. L'air peut sembler plus chargé, comme s'il pulsait, et une sensation de présence forte, mais non oppressante, peut surgir soudainement. Cette perception survient généralement dans des moments d'introspection ou de méditation, lorsque l'esprit est calme et ouvert à recevoir ces impressions. Il y a aussi ceux qui remarquent la présence draconique dans des moments de grand besoin, lorsqu'ils font face à des défis intérieurs ou extérieurs et sentent une impulsion inexplicable de force et de courage, comme si quelque chose de plus grand les soutenait.

Pour développer la sensibilité à l'énergie des dragons, il est nécessaire de cultiver la perception subtile et la connexion avec le monde énergétique. Des pratiques telles que la méditation et la visualisation sont fondamentales pour créer un canal réceptif à cette fréquence. Pendant la méditation, on peut imaginer un vaste espace ouvert, comme une montagne ancienne ou une vallée intacte, et visualiser un dragon émergeant de ce décor. L'image n'a pas besoin d'être détaillée ou fixe, car l'esprit intuitif comblera les détails à mesure que la connexion se renforcera. Plus la pratique est répétée, plus la sensation de présence et d'interaction deviendra claire.

Une autre façon de s'accorder à cette énergie est de prêter attention aux signes qui apparaissent au quotidien. Les dragons communiquent souvent par le biais de synchronicités et de symboles qui apparaissent de manière répétée. Trouver des images de dragons de manière inattendue, entendre des histoires à leur sujet à des moments significatifs, ou même ressentir des impulsions inexplicables pour en apprendre davantage sur leur nature peut être une indication que cette énergie se rapproche. Plus on observe et reconnaît ces signes, plus le lien créé sera fort.

L'utilisation des éléments naturels peut également faciliter cette connexion. Les dragons sont associés aux quatre éléments – feu, eau, terre et air – et travailler avec ces éléments dans des pratiques spirituelles peut aider à ancrer leur énergie. Allumer une bougie, s'immerger dans une rivière ou la mer, marcher pieds nus sur la terre ou sentir le vent sur son visage sont des manières simples, mais puissantes, de s'aligner avec leurs forces. Certaines pierres et cristaux, comme l'obsidienne, l'améthyste et le quartz, sont également connus pour aider à s'accorder aux énergies draconiques, car ils amplifient la perception spirituelle et la connexion aux plans subtils.

Les symboles sacrés liés aux dragons peuvent également servir d'ancrages pour cette énergie. De nombreux récits indiquent que certains symboles, lorsqu'ils sont utilisés dans des méditations ou des visualisations, facilitent le contact et l'activation de la conscience draconique. Certains de ces symboles apparaissent dans des cultures anciennes, comme les glyphes chinois représentant des dragons célestes ou les spirales celtiques, qui évoquent le mouvement serpentin de l'énergie primordiale. Créer ou porter un symbole personnel qui représente cette connexion peut agir comme un canalisateur de leur présence au quotidien.

Il existe de nombreuses expériences documentées de personnes ayant ressenti ou interagi avec la présence des dragons. Certaines rapportent des rencontres inattendues lors de projections astrales, où elles ont senti la présence imposante d'un dragon les observant, sans mots, mais transmettant une sagesse silencieuse.

D'autres mentionnent que, dans des moments de grande tension ou de danger, un instinct aiguisé et une force intérieure ont surgi comme s'ils venaient de quelque chose au-delà d'eux-mêmes, leur donnant le courage d'agir. De nombreux spiritualistes croient que ces expériences sont des manifestations de l'énergie draconique, qui se fait présente pour guider, protéger et enseigner.

La connexion avec les dragons n'est pas quelque chose qui puisse être précipité ou exigé. Elle se produit de manière organique, à mesure que la personne devient plus réceptive et prête à interagir avec cette force ancestrale. Ceux qui tentent d'invoquer les dragons avec des intentions égoïstes ou sans le respect dû réussissent rarement à établir un lien réel. Ces êtres ne répondent pas aux désirs superficiels ou aux simples caprices humains ; ils interagissent avec ceux qui démontrent un véritable engagement envers leur propre croissance et évolution.

Les dragons sont les gardiens du savoir occulte, et leur énergie ne peut être manipulée sans conséquences. C'est pourquoi il est essentiel que toute tentative de connexion avec eux soit faite avec sincérité, humilité et une disposition authentique à apprendre. Pour ceux qui désirent réellement sentir leur présence, la clé ne réside pas dans une quête effrénée, mais dans la préparation intérieure. Être aligné avec soi-même, chercher la vérité sans illusions et développer l'intuition sont des étapes fondamentales pour créer ce lien.

Sentir l'énergie des dragons est plus qu'un simple phénomène spirituel ; c'est une invitation à transcender les limites de l'esprit ordinaire et à accéder à une conscience plus large. C'est un appel à intégrer force, sagesse et équilibre, permettant à leur présence de guider le parcours personnel de chacun. Ceux qui s'ouvrent à cette expérience trouvent non seulement un contact spirituel profond, mais aussi une transformation intérieure qui résonne dans tous les domaines de la vie.

La connexion avec les dragons est un chemin de connaissance de soi et d'éveil, où l'énergie draconique devient une partie de l'essence même de l'individu. À mesure que cette connexion se renforce, la perception de la réalité s'élargit, et le monde est vu sous une nouvelle perspective, où tout est interconnecté et chargé de sens. Les dragons sont des maîtres silencieux qui attendent ceux qui sont prêts à écouter. Pour ceux qui ressentent l'appel, le premier pas est de s'ouvrir à leur présence et de permettre à leur énergie de circuler, les guidant au-delà du visible et éveillant des vérités qui ont toujours été cachées, attendant d'être redécouvertes.

Chapitre 14
Les Dragons comme Gardiens Spirituels

La présence des dragons en tant que gardiens spirituels transcende les limites de la mythologie pour s'ancrer au cœur des traditions ésotériques les plus anciennes de l'humanité. Ces entités ne sont pas de simples symboles de force et de pouvoir ; elles incarnent également une conscience élevée qui protège, guide et met au défi ceux qui cheminent sur la voie de l'évolution spirituelle. Leur énergie est ressentie par ceux qui sont prêts à accéder aux connaissances occultes et à affronter les épreuves nécessaires à l'expansion de leur conscience. Loin de l'image féroce et destructrice associée à de nombreuses légendes occidentales, les dragons sont, en réalité, les gardiens de la sagesse primordiale, agissant comme des ponts entre le monde matériel et les dimensions supérieures. Ils n'accordent pas leur protection sans discernement ; leur présence ne se manifeste que lorsqu'il existe une véritable intention spirituelle et une quête sincère de compréhension des mystères de l'existence.

La fonction des dragons en tant que gardiens peut se manifester de diverses manières. Parfois, ils protègent des lieux d'une intense puissance énergétique, s'assurant que seuls ceux qui possèdent la maturité spirituelle requise puissent y accéder. De nombreuses cultures à travers le monde rapportent la présence de dragons veillant sur des temples sacrés, des montagnes ancestrales, des grottes profondes et des portails interdimensionnels. Ces lieux ne sont pas seulement des espaces physiques, mais aussi des points de convergence entre différentes strates de la réalité, où l'énergie est intense et transformatrice. Au niveau individuel, les dragons agissent également comme guides spirituels, assistant ceux qui traversent de profonds processus internes de transformation. Nombreux sont ceux qui, se connectant à leur énergie, rapportent sentir leur présence lors de moments cruciaux de leur vie, lorsque de grands défis surgissent ou qu'une décision importante doit être prise. Dans ces situations, les dragons n'offrent pas de réponses toutes faites, mais guident le chercheur à trouver en lui-même le courage et la sagesse nécessaires pour avancer.

La relation entre les dragons et ceux qu'ils protègent ne repose pas sur la soumission ou la dépendance, mais sur une croissance mutuelle. Ils enseignent que la véritable protection ne vient pas de barrières externes, mais du renforcement intérieur. Celui qui recherche cette connexion doit être disposé à développer confiance en soi, résilience et discipline. L'énergie draconique ne protège pas ceux qui fuient leurs défis, mais bien ceux qui affrontent leurs peurs avec détermination et cherchent l'équilibre entre pouvoir et responsabilité. Les dragons n'imposent pas leur présence à ceux qui ne sont pas prêts ; ils attendent patiemment que l'appel soit fait avec respect et une intention authentique. Ceux qui parviennent à établir ce lien trouvent une force invisible à leurs côtés, non pour éliminer les difficultés, mais pour fournir le soutien nécessaire afin qu'ils puissent les surmonter par eux-mêmes. Ainsi, les dragons ne font pas que protéger – ils façonnent, transforment et élèvent ceux qui se montrent dignes de leur présence, les conduisant sur un chemin de profonde connaissance de soi et d'éveil spirituel.

Le rôle des dragons en tant que gardiens peut être compris sous différentes perspectives. Dans certaines traditions, ils protègent des lieux sacrés et des portails énergétiques, garantissant que seuls ceux qui possèdent une maturité spirituelle puissent accéder à ces espaces. Dans d'autres, leur fonction est plus individuelle, servant de guides pour ceux qui empruntent des chemins d'expansion de conscience et font face à de profonds défis intérieurs. Dans les deux cas, leur présence est perçue non pas comme quelque chose qui impose des barrières arbitraires, mais comme une force qui exige respect, engagement et un cœur pur pour être approchée.

Les récits de dragons protecteurs apparaissent dans diverses cultures à travers le monde. En Orient, les dragons célestes sont vus comme les gardiens de l'harmonie universelle, équilibrant les forces cosmiques pour assurer la stabilité du monde. Au Japon et en Chine, temples et montagnes sacrées sont fréquemment associés à ces êtres, considérés comme des lieux où leur présence peut être ressentie plus intensément. Dans la tradition tibétaine, on croit que les dragons gardent des textes sacrés et des enseignements occultes, ne les révélant qu'à ceux qui sont préparés à les comprendre.

En Europe médiévale, les dragons étaient souvent dépeints comme des êtres protégeant des trésors cachés dans des grottes ou d'anciens châteaux. Bien que nombre de ces histoires les présentent comme des créatures hostiles, un regard plus approfondi révèle que ces « trésors » n'étaient pas seulement de l'or et des joyaux, mais des symboles de la connaissance interdite ou de l'illumination spirituelle. Le dragon n'était pas simplement un monstre à vaincre, mais un défi qui testait le courage et la sagesse de ceux qui cherchaient à accéder à de telles richesses. Dans certaines versions de ces légendes, les héros qui affrontaient les dragons ne les détruisaient pas, mais apprenaient d'eux, recevant enseignements et bénédictions avant de poursuivre leur voyage.

Dans le chamanisme et les traditions indigènes, les dragons ou grands serpents ailés sont considérés comme des esprits ancestraux protégeant tribus et régions sacrées. Dans certaines cultures d'Amérique du Sud, on croit que ces êtres vivent dans les profondeurs de la forêt ou dans les montagnes, surveillant ceux qui pénètrent leurs domaines. Chamans et guérisseurs rapportent des expériences de contact avec ces entités lors d'états modifiés de conscience, où ils reçoivent des orientations sur la manière d'équilibrer les énergies et de guérir les déséquilibres spirituels.

Le concept des dragons comme gardiens est également présent dans des récits contemporains d'expériences spirituelles. De nombreuses personnes qui se connectent à l'énergie draconique décrivent une sensation de protection intense, comme si une force invisible accompagnait leur parcours. Certaines rapportent des rêves vifs où des dragons apparaissent comme guides, offrant conseils et avertissements sur des décisions importantes. D'autres perçoivent leur présence lors de moments de grande transformation personnelle, lorsque la vie semble changer radicalement et qu'un nouveau chemin commence à se dessiner.

    La relation entre les dragons et la protection spirituelle se manifeste aussi sur le plan énergétique. Certains praticiens de la magie et de la spiritualité travaillent avec l'énergie draconique pour créer des cercles de protection, renforcer leur champ aurique et éloigner les influences négatives. On croit que les dragons possèdent une vibration extrêmement élevée, rendant difficile l'approche de forces disharmonieuses lorsque leur présence est évoquée. Dans certaines traditions, des rituels spécifiques sont réalisés pour demander leur protection, impliquant l'utilisation de symboles, de mantras et d'offrandes symboliques qui témoignent du respect et de la révérence envers leur présence.

    La connexion avec les dragons en tant que gardiens spirituels n'est pas quelque chose qui peut être forcé ou manipulé. Ces êtres ne répondent pas aux invocations faites sans but précis ou aux demandes motivées par l'ego. Leur protection est accordée à ceux qui font preuve de sincérité, d'intégrité et d'un désir authentique d'évolution. Ceux qui tentent de les invoquer à des fins égoïstes ou pour obtenir un pouvoir sans responsabilité rencontrent généralement le silence ou, dans certains cas, des expériences qui les obligent à confronter leurs propres ombres avant de pouvoir continuer.

Les dragons enseignent que la véritable protection ne vient pas de barrières externes, mais du renforcement intérieur. Travailler avec leur énergie ne signifie pas seulement rechercher la sécurité, mais apprendre à développer la confiance en soi et la résilience face aux défis de la vie. Ils guident ceux qui sont prêts à affronter leurs peurs, à surmonter leurs limitations et à assumer l'entière responsabilité de leur voyage spirituel. Cette protection ne se manifeste pas comme une intervention directe, mais comme une présence qui inspire force et sagesse, aidant à trouver le bon chemin même dans les situations les plus difficiles.

Beaucoup de ceux qui établissent une connexion profonde avec les dragons perçoivent des changements significatifs dans leur vie. La présence de ces gardiens peut conduire à une plus grande clarté mentale, au dépassement de schémas destructeurs et à l'éveil de capacités intuitives qui étaient auparavant endormies. Il existe des témoignages de personnes qui, après s'être connectées à cette énergie, ont commencé à avoir des rêves plus vifs, ont ressenti une sensibilité accrue aux énergies environnantes et ont développé une perception plus aiguë des intentions des gens et des événements autour d'eux.

La manière dont les dragons choisissent de protéger chaque personne varie en fonction de ses besoins et de son niveau de conscience. Pour certains, leur présence peut être perçue comme une force subtile qui éloigne les influences négatives avant même qu'elles ne s'approchent. Pour d'autres, elle peut se manifester comme une épreuve, plaçant des défis sur leur chemin afin qu'ils renforcent leur résilience et leur capacité à prendre des décisions avec sagesse. Les dragons n'accordent pas une protection passive, mais enseignent à ceux qui les suivent à devenir leurs propres gardiens, prenant le contrôle de leur propre énergie et de leur destin.

Le voyage spirituel sous la direction des dragons est un chemin de croissance et de responsabilité. Pour ceux qui se sentent appelés à cette connexion, le premier pas est de développer une relation de respect et d'ouverture, permettant à leur présence de se révéler naturellement. Cela peut se faire par la méditation, l'observation des signes au quotidien et la pratique de l'introspection. À mesure que cette relation s'approfondit, la sensation de protection et de guidance devient plus claire, et les enseignements des dragons commencent à se manifester de manière plus intense et transformatrice.

Les dragons sont les gardiens de forces anciennes et intemporelles, et leur présence dans la vie d'une personne est un signe qu'elle est prête à emprunter un chemin de découverte de soi et de pouvoir intérieur. Ils n'imposent pas une protection de manière paternaliste, mais enseignent que la véritable sécurité vient de la connaissance, du courage et de l'équilibre. Ceux qui les reconnaissent comme guides et apprennent de leurs enseignements découvrent un monde nouveau, où la force spirituelle se manifeste de manière consciente et responsable. Les dragons ne gardent pas seulement les secrets et les connaissances ancestrales ; ils gardent ceux qui sont prêts à s'éveiller à leur véritable essence.

Chapitre 15
L'Évolution de la Conscience

L'évolution de la conscience humaine est un cheminement constant d'expansion et de transformation, propulsé par des défis qui réclament courage, discernement et un engagement profond envers la connaissance de soi. Au sein de nombreuses traditions spirituelles, les dragons incarnent ce périple, symbolisant tout autant les forces qui mettent l'individu à l'épreuve que celles qui le guident vers des états de perception supérieurs. Ces créatures, souvent dépeintes comme les gardiennes d'une sagesse ancestrale, ne se contentent pas de veiller sur des savoirs cachés ; elles agissent aussi comme des catalyseurs du changement intérieur, menant ceux qui sont prêts à franchir les portails d'une compréhension élargie. Leur énergie se révèle tel un appel à transcender ses propres limites, invitant l'esprit à briser les vieilles structures et à accéder à des vérités plus profondes sur la nature de la réalité et de l'être lui-même.

La connexion avec les dragons dans ce processus d'évolution de la conscience ne suit pas un cours linéaire ou prévisible. Elle survient lorsque l'individu atteint un carrefour dans son voyage où son ancienne vision du monde ne lui suffit plus, et où le besoin d'expansion devient impérieux. Cet éveil se produit souvent à travers des expériences intenses, qu'elles soient intérieures ou extérieures, qui exigent la déconstruction des croyances limitantes et l'abandon des schémas obsolètes. Dans ce contexte, les dragons symbolisent la force transformatrice qui impulse ce changement, représentant à la fois le défi et sa résolution. Leur énergie agit comme un feu alchimique qui purifie et renforce, élevant la conscience vers des états de perception plus élevés. Ceux qui entrent en contact avec cette force rapportent fréquemment une intuition accrue, une clarté mentale élargie et une connexion plus intime avec les aspects subtils de l'existence.

Bien plus que de simples archétypes de puissance et de mystère, les dragons reflètent une intelligence cosmique qui interagit avec l'humanité lors de grandes transitions, tant individuelles que collectives. Au fil de l'histoire, leur présence a été associée aux périodes de rupture et de renouveau, ces moments où la conscience collective est poussée à évoluer vers de nouveaux paliers. Ils incarnent la nécessité d'adaptation et de croissance, enseignant que la véritable évolution ne naît pas de la résistance au changement, mais de l'acceptation consciente du flux transformateur de la vie. Pour ceux qui ressentent l'appel de cette énergie, la voie s'ouvre vers un voyage de profonde maîtrise de soi, où les défis ne sont plus des obstacles, mais des opportunités d'éveil à une réalité plus vaste et pleine de sens. Ainsi, l'évolution de la conscience sous l'influence des dragons n'est pas seulement un processus d'apprentissage, mais une expérience de renaissance, où l'ancien se dissout pour laisser place au nouveau, dans un cycle infini d'expansion et d'ascension spirituelle.

L'évolution de la conscience humaine progresse par cycles, stimulée par des expériences qui remettent en question notre perception de la réalité et encouragent l'individu à interroger ses croyances et à élargir sa vision du monde. Les dragons jouent un rôle essentiel dans ce processus, car ils représentent le pont entre la connaissance cachée et l'illumination. Dans certaines traditions ésotériques, ils sont perçus comme les gardiens des mystères cosmiques, des êtres qui éprouvent ceux qui aspirent à atteindre des niveaux supérieurs de compréhension. Cette épreuve, cependant, ne se manifeste pas par des confrontations physiques, comme dans les légendes médiévales, mais à travers le voyage intérieur qui exige courage, détachement et la volonté d'abandonner les anciennes illusions.

La connexion avec l'énergie draconique peut accélérer l'activation du potentiel humain latent. À l'instar du serpent qui symbolise l'éveil de la kundalini, les dragons sont des énergies qui poussent l'être humain à transcender ses propres limitations. Leur présence peut être ressentie par ceux qui traversent des moments de transformation profonde, lorsque d'anciens schémas sont démantelés pour faire place à une nouvelle conscience. Nombreux sont ceux qui rapportent qu'en entrant en contact avec l'énergie des dragons, ils expérimentent une intuition aiguisée, une perception élargie et un sentiment intense de leur mission de vie. Cela s'explique par le fait que ces êtres agissent comme des catalyseurs de changement, aidant à dissoudre les blocages internes et à étendre la vision spirituelle.

L'influence des dragons sur l'évolution de la conscience ne se limite pas à l'individu. Au niveau collectif, leur énergie se manifeste chaque fois que l'humanité traverse des périodes de grandes transitions. Au cours de l'histoire, il y a eu des moments où de nouvelles idées ont émergé, défiant les structures établies et provoquant des sauts dans la compréhension de l'existence. De nombreux spiritualistes pensent que les dragons sont présents lors de ces moments, influençant la conscience collective pour que la transformation s'opère de manière plus harmonieuse et accélérée. Leur rôle, dans ces cas, est de stimuler la rupture des paradigmes, permettant à l'humanité de s'ouvrir à des réalités autrefois considérées comme inatteignables.

Le symbolisme des dragons en tant qu'agents de changement et d'éveil se retrouve dans diverses traditions spirituelles. En Alchimie, par exemple, le dragon représente le principe de la matière première brute qui doit être raffinée et transformée pour atteindre son état de perfection. Il est à la fois la force destructrice qui dissout les impuretés et le feu sacré qui purifie et élève. Ce symbolisme reflète le processus même de l'évolution spirituelle, où l'être humain doit affronter ses ombres et traverser des défis intérieurs avant d'atteindre un état de conscience plus élevé.

La présence des dragons est également associée au renforcement de l'intuition et à l'ouverture de nouveaux niveaux de perception. Ceux qui établissent un lien avec cette énergie rapportent souvent une clarté mentale accrue et une capacité à interpréter les signes subtils de l'univers. L'intuition devient plus affûtée, permettant de prendre des décisions avec une plus grande confiance et en alignement avec le but de sa vie. De plus, beaucoup décrivent des expériences de contact avec les dragons à travers des rêves, des méditations ou des moments d'insight spontané, où ils ressentent leur guidance de manière indubitable.

Les récits d'individus ayant vécu des expériences profondes avec l'énergie draconique sont nombreux et variés. Certaines personnes décrivent des rencontres en état méditatif, où un dragon apparaît comme un guide, transmettant des messages qui résonnent à un niveau profond. D'autres affirment que leur connexion avec les dragons les a aidés à surmonter leurs peurs, à relever des défis apparemment insurmontables et à redécouvrir leur propre force intérieure. Il y a aussi ceux qui rapportent sentir une protection invisible dans les moments de danger ou de transition, comme si une présence ancestrale veillait sur eux.

Ceux qui cherchent activement la connexion avec les dragons pour les assister dans leur processus d'évolution doivent être préparés à des changements significatifs. L'énergie draconique n'est ni subtile ni complaisante ; elle exige engagement et disposition à grandir. Contrairement à d'autres formes de guidance spirituelle, les dragons ne montrent pas le chemin avec douceur, mais avec la force nécessaire pour que la transformation s'opère de manière profonde et véritable.

Leur enseignement principal est celui de l'autonomie, du courage et de la quête inlassable de la vérité.

Le rôle des dragons dans l'évolution de la conscience ne se limite pas à un concept abstrait ou symbolique. Ceux qui ressentent leur présence savent que leur énergie est réelle et peut être travaillée de manière pratique dans la vie quotidienne. Intégrer la sagesse des dragons signifie apprendre à affronter les défis sans crainte, développer le discernement pour percevoir ce qui est essentiel et agir avec détermination pour manifester des changements positifs. Ils enseignent que l'évolution spirituelle n'est pas un chemin de fuite, mais un voyage de maîtrise de soi et de renforcement intérieur.

À mesure que davantage de personnes s'éveillent à la réalité au-delà du visible, l'influence des dragons sur la conscience humaine tend à devenir plus évidente. Leur retour dans la mémoire collective n'est pas un hasard, mais un signe que l'humanité est prête à accéder à des niveaux de sagesse plus profonds. De plus en plus d'individus rapportent sentir leur présence et apprendre de leur énergie, indiquant que ces êtres redeviennent des alliés actifs dans le processus d'ascension planétaire.

Les dragons ne sont pas seulement des figures de légendes anciennes, mais des forces vivantes qui continuent d'influencer ceux qui sont prêts à les recevoir. Leur rôle dans l'évolution de la conscience est de défier, d'éveiller et de renforcer. Ils sont présents chaque fois qu'une âme est prête à transcender ses limitations et à embrasser sa vraie nature. Travailler avec leur énergie n'est pas un chemin pour les faibles, mais pour ceux qui ont le courage de regarder en eux-mêmes et d'accepter la transformation nécessaire pour évoluer.

L'appel des dragons résonne pour ceux qui possèdent un esprit indomptable et une quête authentique de la vérité. Ils n'apparaissent pas à ceux qui cherchent des raccourcis ou des récompenses faciles, mais à ceux qui sont disposés à parcourir le chemin de l'illumination avec intégrité et détermination. Pour ceux qui ressentent cette connexion, le voyage ne fait que commencer. La présence des dragons indique que l'âme est prête à s'éveiller à sa véritable essence et à emprunter un chemin de pouvoir, de sagesse et de transformation profonde.

Chapitre 16
Dragons et l'Énergie Kundalini

La connexion entre les dragons et l'énergie kundalini se manifeste comme un lien profond entre le symbolisme mythique et la réalité énergétique présente au sein de l'être humain. Les dragons sont des archétypes universels de pouvoir, de transformation et de connaissance occulte, représentant des forces primordiales qui peuvent tout autant protéger que défier ceux qui osent éveiller leur véritable essence. L'énergie kundalini, souvent décrite comme un serpent endormi à la base de la colonne vertébrale, est une force latente qui, une fois activée, parcourt les centres énergétiques du corps, favorisant l'expansion de la conscience et la transmutation intérieure. Leur relation ne relève pas seulement de la métaphore, mais reflète une réalité vécue par ceux qui expérimentent l'éveil spirituel, où des forces puissantes se déchaînent, exigeant équilibre, discipline et compréhension pour être correctement intégrées. Tout comme les dragons des légendes gardent des trésors cachés dans des cavernes profondes, la kundalini recèle au sein de l'être humain un potentiel d'illumination qui attend le moment propice pour émerger, menant à un voyage de découverte de soi et d'élévation.

L'ascension de la kundalini est comparable au voyage du héros qui affronte et, finalement, dompte le dragon. Dans les mythes, la confrontation avec le dragon ne symbolise pas seulement une bataille extérieure, mais représente un processus intérieur de dépassement des peurs, de purification émotionnelle et d'intégration de sa propre ombre. De même, l'éveil de la kundalini exige que l'individu affronte les aspects non résolus de sa psyché, permettant à cette force de s'élever de manière équilibrée, sans générer de déséquilibres physiques, émotionnels ou spirituels. Si elle est éveillée brusquement ou sans préparation adéquate, cette énergie peut déclencher des turbulences, se manifestant par des crises existentielles, une intensification des traumatismes ou même des sensations physiques accablantes. Cependant, lorsqu'elle est activée de manière consciente et progressive, la kundalini apporte clarté mentale, expansion de la perception et alignement avec des dimensions supérieures de l'existence. Dans ce contexte, le dragon n'est pas un ennemi à vaincre, mais une manifestation du propre pouvoir intérieur qui doit être compris et orienté vers un but élevé.

La présence des dragons dans les mythologies et les traditions ésotériques à travers le monde renforce leur lien avec la kundalini en tant que force cosmique régulatrice de la vie. En Orient, les dragons sont fréquemment associés à l'énergie vitale, appelée Qi, qui circule dans le corps et l'univers, soutenant l'harmonie des cycles naturels. Dans l'hindouisme, le serpent cosmique Shesha représente l'énergie primordiale qui soutient l'existence, reflétant la nature cachée de la kundalini. En Occident, l'image du dragon gardant des trésors cachés évoque le potentiel spirituel latent en chaque individu, un pouvoir qui doit être éveillé avec sagesse pour révéler sa véritable grandeur. Ainsi, la relation entre dragons et kundalini transcende les allégories et se manifeste comme un principe universel, où l'éveil de l'énergie vitale est un appel à la transformation, exigeant courage, équilibre et préparation pour que sa force soit utilisée de manière constructive et éclairante.

Dans de nombreuses cultures, le dragon symbolise la force primordiale, l'énergie brute de l'univers qui doit être affinée et dirigée vers un but élevé. Le parallèle entre le dragon et la kundalini n'est pas seulement métaphorique, mais une correspondance énergétique réelle perçue par ceux qui ont vécu des processus d'éveil spirituel. Tout comme le dragon, la kundalini peut être un agent de destruction ou d'illumination, selon la manière dont elle est éveillée et conduite. Lorsqu'elle est activée de manière équilibrée, cette énergie apporte clarté, expansion de la perception et alignement spirituel. Cependant, si elle est éveillée sans la préparation adéquate, elle peut générer des turbulences émotionnelles, une désorientation et même des crises existentielles.

Les dragons représentent le mouvement ascendant de la kundalini et sa transformation le long des chakras. Au stade initial, l'énergie est endormie, symbolisée par le dragon assoupi dans des cavernes ou des lieux cachés, attendant le bon moment pour s'éveiller. Une fois activée, l'énergie monte le long de la colonne vertébrale, éveillant chaque centre énergétique et apportant des changements dans divers aspects de la vie. Ce processus est similaire au voyage du héros qui affronte un dragon : il ne s'agit pas de le détruire, mais d'apprendre à le maîtriser et à l'intégrer.

L'activation de la kundalini est fréquemment décrite comme une sensation de chaleur intense montant le long de la colonne vertébrale, accompagnée d'intuitions profondes, d'une plus grande sensibilité énergétique et de changements dans la perception de la réalité. Certaines personnes rapportent que, pendant ce processus, elles ont eu des visions de dragons, que ce soit en rêve, dans des états méditatifs ou même comme des impressions visuelles fugaces dans le monde éveillé. Ces récits suggèrent que les dragons peuvent agir comme des guides ou des manifestations symboliques de cette force vitale en ascension.

La connexion entre les dragons et la kundalini peut également être observée dans la mythologie et les traditions ésotériques. En Orient, les dragons sont souvent dépeints comme des forces célestes associées à l'illumination et à la sagesse. Dans le Taoïsme, le dragon est le symbole de l'énergie vitale appelée Qi, qui circule dans le corps et l'univers, régulant les cycles de la vie. Dans l'hindouisme, le serpent cosmique Shesha, sur lequel Vishnu repose, est une représentation claire de cette énergie latente qui soutient l'existence. Dans la tradition occidentale, la figure du dragon gardant des trésors et des cavernes peut être vue comme une métaphore de l'énergie spirituelle cachée au sein de l'être humain, qui doit être éveillée et intégrée consciemment.

Beaucoup de personnes ayant expérimenté l'éveil de la kundalini rapportent ressentir une présence intense, quelque chose qui ne peut être décrit simplement comme une énergie impersonnelle, mais comme une force consciente, presque comme un être observateur. Certains décrivent la sensation d'un regard invisible, comme si une entité accompagnait le processus. Dans certains cas, des rêves de dragons apparaissent précisément lors de ces moments de transition, comme si l'énergie kundalini prenait cette forme symbolique pour communiquer avec la psyché de l'individu.

Travailler avec la kundalini exige de l'équilibre, car son activation éveille autant les aspects lumineux que les ombres intérieures qui doivent être affrontées. Le dragon est un symbole de cette dualité : il peut être destructeur lorsque sa force est ignorée ou utilisée imprudemment, mais il est aussi un maître pour ceux qui comprennent sa véritable nature. Tel un dragon ailé s'élevant vers les cieux, la kundalini, lorsqu'elle est correctement guidée, élève la conscience à des niveaux supérieurs, permettant à l'individu de vivre des expériences spirituelles plus profondes et d'acquérir une compréhension élargie de la réalité.

Pour éveiller et travailler avec cette énergie en toute sécurité, il est essentiel d'adopter des pratiques qui favorisent l'équilibre et une préparation progressive. Les méditations axées sur la respiration consciente et l'alignement des chakras aident à stabiliser l'énergie avant qu'elle ne commence à monter. Les techniques de visualisation, où l'on imagine un serpent ou un dragon montant le long de la colonne vertébrale, peuvent aider à diriger cette force consciemment. L'utilisation de postures de yoga spécifiques, comme les asanas qui activent le chakra racine et le chakra couronne, est également indiquée pour harmoniser cette énergie et éviter les déséquilibres.

Un autre aspect fondamental est la purification émotionnelle et mentale. L'énergie kundalini amplifie tout ce qui existe déjà chez l'individu, tant les aspects positifs que les blocages non résolus. C'est pourquoi ceux qui souhaitent éveiller cette force doivent d'abord travailler au nettoyage des traumatismes, des croyances limitantes et des émotions refoulées. De nombreux récits d'expériences difficiles avec la kundalini surviennent parce que l'énergie rencontre des obstacles internes et doit les briser brusquement, ce qui peut générer des crises émotionnelles ou physiques.

Outre les pratiques individuelles, la connexion avec les dragons en tant qu'archétypes peut être un outil puissant dans ce processus. Certaines traditions enseignent que l'invocation de l'énergie draconique avant des pratiques de méditation ou d'expansion de la conscience peut apporter protection et guidance. Cela peut se faire par des rituels simples, comme allumer des bougies ou de l'encens en visualisant la présence d'un dragon gardien, demandant que cette force aide à harmoniser l'énergie kundalini.

Il y a aussi ceux qui perçoivent les dragons comme des manifestations de la kundalini elle-même à différents stades de développement. Au début, l'image d'un dragon terrestre peut surgir, robuste et encore lié au plan matériel, représentant l'éveil initial de l'énergie. Au fur et à mesure que le processus avance, le dragon peut apparaître ailé, symbolisant l'ascension à travers les centres supérieurs de conscience. Au stade final, il peut surgir comme une entité de pure lumière, représentant la fusion complète entre matière et esprit.

La relation entre les dragons et la kundalini n'est pas seulement un concept ésotérique, mais une expérience vécue par beaucoup qui empruntent des chemins d'éveil spirituel. La présence des dragons dans ce processus renforce l'idée que l'éveil de la conscience n'est pas seulement un phénomène énergétique, mais un événement impliquant des archétypes profonds de l'inconscient collectif. Le dragon n'est pas seulement un symbole de force et de pouvoir, mais aussi un guide pour ceux qui sont prêts à franchir les portails de la transformation.

L'énergie kundalini est la clé pour accéder aux dimensions supérieures de l'existence, mais son éveil exige responsabilité et préparation. Les dragons, en tant que gardiens de cette force, enseignent que le véritable pouvoir ne réside pas dans le fait de forcer l'évolution, mais de permettre qu'elle se produise de manière naturelle et équilibrée. Travailler avec cette énergie, c'est prendre un engagement envers sa propre expansion de conscience et être prêt à affronter tout ce qui doit être transmuté.

Le chemin de la kundalini est le voyage du dragon : une traversée de défis et de découvertes qui mène à l'éveil de la véritable essence. Ceux qui entendent l'appel de ce pouvoir ancestral et l'honorent avec respect trouvent non seulement la transformation, mais un nouveau sens à leur existence. Le dragon de la kundalini ne détruit pas pour punir, mais pour révéler ce qui a toujours été caché, attendant d'être compris et intégré dans la lumière de la conscience éveillée.

Chapitre 17
Dragons et la Protection de la Planète

La présence des dragons dans l'équilibre planétaire ne se cantonne pas à la sphère mythologique ; elle se manifeste comme un principe énergétique transcendant les cultures et les époques. Ces êtres, souvent associés aux éléments primordiaux de la nature, jouent un rôle essentiel dans le maintien de l'harmonie de l'environnement et des flux énergétiques terrestres. Depuis les civilisations les plus anciennes, des récits dépeignent les dragons comme les gardiens des rivières, des montagnes et des forêts, représentant les forces qui régulent la vie et assurent la pérennité des cycles naturels. Leur lien avec les écosystèmes n'est pas purement symbolique ; de nombreuses traditions spirituelles croient que ces êtres agissent sur des plans subtils, soutenant la vitalité des lieux sacrés et protégeant la pureté des ressources naturelles. Ils sont perçus comme des entités d'une grande sagesse, dont la mission est intrinsèquement liée à la préservation de l'équilibre planétaire, veillant à ce que les forces naturelles s'écoulent harmonieusement et que l'humanité prenne conscience de sa responsabilité dans la protection de la Terre.

La connexion entre les dragons et les éléments naturels renforce l'idée que leur présence est intimement liée au fonctionnement des systèmes environnementaux. Les dragons terrestres, par exemple, sont décrits comme les gardiens des forces telluriques, ceux qui maintiennent la stabilité géologique de la planète et supervisent les flux d'énergie souterraine. Dans diverses cultures, montagnes et cavernes sont considérées comme leurs demeures, des lieux où l'énergie de la Terre est plus intense et nécessite une protection particulière. Quant aux dragons aquatiques, ils sont associés aux sources de vie de la planète, garantissant la pureté des rivières, des lacs et des océans. Dans plusieurs traditions, la pollution et la destruction des écosystèmes aquatiques sont interprétées comme des signes du retrait de l'énergie draconique, laissant ces lieux vulnérables au déséquilibre et à la dégradation. Les dragons du feu, eux, représentent le principe de transmutation et de renouveau. Bien que souvent associés à la destruction, ils remplissent une fonction essentielle dans la régénération des écosystèmes, comme lors des incendies naturels qui, malgré leur aspect dévastateur, contribuent à la fertilisation du sol et au renouvellement de la vie. Enfin, les dragons de l'air symbolisent le mouvement et la circulation des énergies vitales, régulant les schémas climatiques et promouvant l'harmonie entre les éléments. Leur influence se ressent dans les vents, les tempêtes et la subtilité des changements saisonniers, reflétant l'équilibre nécessaire à la continuité de l'existence sur Terre.

L'action des dragons dans la protection de la planète ne se limite pas aux forces naturelles ; elle implique également une interaction avec ceux qui cherchent à se reconnecter à la conscience de la Terre. Nombreuses sont les personnes qui relatent des expériences spirituelles où elles ressentent la présence de ces êtres en méditant dans des lieux à haute vibration énergétique, tels que des forêts vierges, des montagnes isolées ou à proximité de grandes étendues d'eau. Ces expériences suggèrent que les dragons ne sont pas seulement des figures mythologiques, mais des intelligences demeurant actives dans des dimensions subtiles, aidant ceux qui s'engagent pour la préservation de la vie et l'équilibre planétaire. Pour établir une connexion plus profonde avec ces forces, des pratiques comme la méditation en milieu naturel, les rituels de gratitude envers les éléments et la culture d'une conscience écologique sont essentielles. La mission des dragons n'est pas seulement de protéger la Terre, mais aussi d'éveiller en l'humanité la compréhension que tous font partie de ce même système vivant. Honorer la présence de ces forces signifie reconnaître le caractère sacré de la nature et agir de manière responsable, en adoptant des pratiques durables et en respectant les cycles naturels. Lorsque l'humanité comprendra enfin cette interdépendance, elle pourra agir en partenariat avec ces forces ancestrales, devenant ainsi, à l'instar des dragons, gardienne de la vie et de l'équilibre planétaire.

La relation entre les dragons et la Terre est aussi ancienne que l'existence même de la planète. Différentes traditions spirituelles rapportent que ces êtres jouent un rôle actif dans le maintien de l'équilibre énergétique de la nature. En Orient, les dragons sont considérés comme des esprits de la nature, liés aux rivières, montagnes et forêts. En Chine, le dragon céleste symbolise le flux de l'énergie vitale qui parcourt la Terre, étant responsable de la régulation du cycle des saisons et de la fertilité du sol. Cette même vision se retrouve dans les mythologies chamaniques, où de grands serpents ailés sont vus comme les protecteurs des secrets de la forêt et des cycles naturels.

L'idée que les dragons agissent comme gardiens de la planète se reflète également dans les légendes qui évoquent leur relation avec des points énergétiques sacrés. De nombreux lieux de pouvoir à travers le monde, comme des montagnes imposantes, des grottes profondes et des îles isolées, sont traditionnellement associés à la présence draconique. On dit que ces endroits recèlent une énergie spéciale, comme s'ils étaient des vortex de force soutenant l'équilibre de la planète. Certains mystiques affirment que ces points énergétiques sont maintenus par les dragons, qui protègent leur vibration et empêchent les forces disharmonieuses d'interférer avec ces champs subtils.

Les dragons de terre, en particulier, sont considérés comme les principaux responsables de la protection de l'écosystème planétaire. Leur présence est associée à la stabilité géologique et au maintien des forces telluriques qui parcourent la planète. Il existe des témoignages de cultures anciennes qui croyaient que de grands dragons reposaient sous les montagnes et que leurs mouvements pouvaient influencer l'activité sismique. Bien que cette vision ait été interprétée de manière symbolique par la science moderne, dans l'ésotérisme, cette idée représente le flux des énergies souterraines qui nourrissent la vie à la surface.

Dans le cas des dragons d'eau, leur influence est liée à la purification et à la préservation des sources naturelles. Dans diverses mythologies, ils apparaissent comme des êtres habitant lacs, rivières et océans, protégeant la pureté de ces eaux et garantissant l'harmonie de leurs cycles. Certaines traditions suggèrent que lorsqu'un plan d'eau est pollué ou détruit, l'énergie draconique se retire de ce lieu, le laissant vulnérable à des dégradations encore plus importantes. Cette croyance renforce l'idée que la préservation environnementale n'est pas seulement une question physique, mais aussi énergétique.

Les dragons de feu, quant à eux, symbolisent la transformation et la régénération. Dans de nombreuses traditions, ils sont vus comme des forces qui renouvellent la vie, détruisant ce qui n'est plus utile pour faire place au nouveau. Leur rôle dans la protection de la planète est lié à la purification des énergies et à la transmutation des influences négatives. Certaines cultures interprètent les incendies naturels survenant dans les forêts comme des manifestations de cette énergie car, malgré la destruction initiale, ces événements entraînent souvent la renaissance de la végétation et le renforcement du sol.

Quant aux dragons d'air, ils sont les messagers de l'équilibre planétaire, agissant dans la circulation des courants énergétiques et le maintien de l'harmonie entre les différents éléments. Ils sont fréquemment associés au vent et aux changements climatiques, étant considérés comme les régulateurs des forces invisibles qui maintiennent la Terre vivante. Dans certaines traditions, on croit que ces dragons communiquent avec ceux qui sont en phase avec la nature, transmettant des messages sur les cycles planétaires et les ajustements nécessaires pour maintenir l'équilibre.

La connexion entre les dragons et la protection de la planète n'est pas seulement une question mythologique, mais aussi un appel pour que l'humanité assume son rôle de gardienne de la Terre. Bon nombre des légendes qui parlent de dragons protecteurs de la nature contiennent un enseignement profond sur la nécessité de respecter et de préserver l'environnement. Dans diverses traditions, on trouve des histoires de dragons qui se sont retirés de certains lieux en raison de la destruction causée par les êtres humains, indiquant que leur présence est directement liée à l'harmonie entre l'humanité et la nature.

Actuellement, de nombreuses personnes ressentent la présence de ces êtres lors de moments de connexion profonde avec la nature. Méditants et pratiquants spirituels relatent des expériences où ils perçoivent l'énergie draconique dans des forêts vierges, des montagnes isolées ou au bord de grandes étendues d'eau. Certains décrivent des sensations de protection et de force, comme s'ils étaient observés par une conscience ancienne et sage. D'autres affirment recevoir des messages intuitifs sur l'importance de protéger certains lieux et de maintenir une relation plus équilibrée avec l'environnement.

Pour ceux qui souhaitent s'aligner sur la mission des dragons dans la protection de la planète, certaines pratiques peuvent être adoptées. Méditer dans des lieux naturels et établir une intention de connexion avec l'énergie de la Terre peut ouvrir des canaux pour cette interaction. Réaliser des rituels de gratitude envers la nature, comme des offrandes symboliques de fleurs ou de cristaux, témoigne du respect envers ces forces et renforce le lien avec la conscience draconique. Travailler directement avec les éléments – allumer une bougie pour honorer le feu, se purifier à une source d'eau, sentir l'énergie de la terre sous ses pieds et respirer profondément l'air pur – sont des moyens simples mais puissants d'intégrer cette connexion au quotidien.

La mission des dragons dans la protection de la planète est aussi un rappel que l'humanité a un rôle actif à jouer dans ce processus. Prendre soin de l'environnement, réduire la dégradation des ressources naturelles et promouvoir un mode de vie plus durable sont des manières pratiques de collaborer à cette mission. L'énergie draconique ne se manifeste pas seulement dans des expériences spirituelles, mais aussi dans l'action consciente de ceux qui cherchent à préserver la vie et l'équilibre de la Terre.

Les dragons sont des forces vives qui soutiennent la planète, garantissant que son cycle naturel continue de s'écouler. Leur présence peut être subtile, mais elle est toujours active, protégeant les lieux où l'énergie de la

Terre pulse avec le plus d'intensité. Pour ceux qui ressentent leur appel, l'invitation est claire : s'intégrer à cette mission et devenir, tout comme les dragons, un gardien de l'harmonie planétaire. La protection de la Terre n'est pas la responsabilité exclusive de ces forces spirituelles, mais une tâche partagée entre tous les êtres qui en font partie. Lorsque l'humanité reconnaîtra cette vérité, peut-être les dragons reviendront-ils pleinement, se révélant non seulement comme des mythes du passé, mais comme des alliés pour l'avenir de la Terre.

Chapitre 18
Les Dragons dans la Magie et les Rituels

La magie draconique est une voie de puissance profonde et de transformation, accessible uniquement à ceux qui possèdent le respect, le dévouement et la préparation spirituelle nécessaires pour interagir avec des forces ancestrales d'une grande magnitude. Les dragons, loin d'être de simples créatures légendaires, sont considérés comme les gardiens du savoir occulte et des énergies primordiales de l'univers. Leur rôle dans la magie transcende les mythologies, car ils incarnent la maîtrise des éléments, la transmutation de l'esprit et la quête de la sagesse ancestrale. Œuvrer avec la magie des dragons exige un engagement total, car leur énergie n'est ni passive ni complaisante ; elle met au défi, renforce et instruit à travers des expériences directes et intenses. Ceux qui aspirent à cette connexion doivent être prêts à affronter leur propre essence, à travailler sur leurs faiblesses et à se métamorphoser pour pouvoir manier la force indomptable de ces entités.

Les rituels impliquant les dragons ne sont pas de simples formalités ésotériques, mais des processus sacrés qui établissent un canal entre le praticien et les forces draconiques. Au fil de l'histoire, diverses traditions ont décrit des méthodes spécifiques pour invoquer et interagir avec ces êtres, variant selon la culture et l'intention du mage. En Orient, les prêtres taoïstes utilisaient symboles et mantras pour honorer les dragons, cherchant l'équilibre et la protection pour leurs communautés. En Occident, la tradition hermétique et alchimique voyait les dragons comme des symboles du grand mystère de la création, des forces gardant les secrets de la transmutation spirituelle et de la maîtrise des éléments. Chaque dragon possède une vibration unique et agit dans un domaine spécifique : les dragons de feu favorisent le courage et la transformation, ceux d'eau aident à l'intuition et à la purification émotionnelle, ceux de terre assurent la stabilité et la force, tandis que ceux d'air stimulent l'esprit et l'expansion de la conscience. L'invocation correcte de ces êtres exige un alignement vibratoire, des rituels bien structurés et une intention claire, car leur présence peut être écrasante pour ceux qui ne sont pas préparés à l'intensité de leur énergie.

La relation entre mages et dragons n'est pas basée sur la soumission ou des requêtes égoïstes, mais sur un apprentissage mutuel et le respect. Les dragons ne se laissent ni manipuler ni soumettre aux volontés humaines futiles. Ils enseignent l'autonomie, la discipline et la force intérieure, guidant les praticiens à travers des défis qui stimulent leur croissance spirituelle. Les récits de contact avec ces entités incluent souvent des rêves intenses, des visions pendant les méditations et des manifestations énergétiques puissantes, comme des changements de température ambiante, la sensation d'une présence imposante ou des intuitions profondes sur des questions personnelles et universelles. Œuvrer avec la magie draconique signifie suivre un chemin de transformation continue, où le praticien doit prouver sa détermination et son intégrité avant de recevoir toute connaissance ou aide de ces forces. Ceux qui parviennent à établir une véritable connexion avec les dragons découvrent qu'ils ne sont pas seulement des gardiens du savoir, mais aussi des alliés fidèles dans le voyage spirituel, prêts à guider, protéger et révéler des secrets profonds sur l'univers et l'essence même de l'être.

Dans l'Antiquité, de nombreuses civilisations vouaient des cultes à la vénération d'êtres draconiques. En Orient, les dragons étaient considérés comme des manifestations du flux cosmique de l'énergie vitale et étaient associés à l'harmonie des éléments. Des prêtres taoïstes accomplissaient des rituels pour honorer les dragons et solliciter leur aide pour la protection des récoltes et l'équilibre des forces naturelles. En Occident, alchimistes et magiciens occultistes voyaient les dragons comme les gardiens du savoir occulte, chargés de tester ceux qui cherchaient la sagesse des grands mystères. Des textes hermétiques mentionnent que l'essence du dragon est la force même de la création, une énergie brute qui doit être raffinée et comprise pour devenir une alliée dans le voyage spirituel.

Les dragons peuvent être invoqués et intégrés dans des rituels à différentes fins. Dans les pratiques de protection, leur énergie peut être utilisée pour créer de puissantes barrières énergétiques, éloignant les influences indésirables et renforçant le champ aurique du praticien. Pour la guérison, leur présence peut être sollicitée pour agir sur le déblocage des centres énergétiques et la restauration de la vitalité. Quant aux processus de transformation, les dragons aident à briser les anciens schémas, apportant courage et force pour affronter des changements profonds. Leur présence n'est pas subtile, et ceux qui travaillent avec eux rapportent fréquemment une sensation intense de puissance et de renouveau lors de tels rituels.

Pour établir une connexion efficace avec les dragons, certains symboles et outils peuvent être employés. L'utilisation de bougies colorées, notamment dans les teintes rouge, or et bleu, est courante dans les rituels draconiques, car ces couleurs représentent la force, la sagesse et la protection. Des cristaux comme l'obsidienne, le quartz fumé et l'améthyste sont également utilisés pour se syntoniser avec l'énergie des dragons, car ils possèdent des propriétés qui aident à l'expansion de la perception et à l'ancrage de la force spirituelle. Des talismans et des sceaux spécifiques peuvent être dessinés sur des parchemins ou gravés dans la pierre, servant de canaux pour la manifestation de la présence draconique durant les pratiques magiques.

L'invocation des dragons requiert préparation et sérieux. Ces êtres ne répondent pas aux appels triviaux ni aux intentions superficielles. Avant d'entreprendre tout rituel, il est essentiel que le praticien soit dans un état de concentration et de respect, reconnaissant la magnitude de l'énergie avec laquelle il souhaite travailler. De nombreux récits de mages ayant tenté d'évoquer les dragons sans la préparation adéquate indiquent que de telles expériences peuvent être écrasantes, voire générer un malaise, car l'énergie draconique est intense et exige un alignement vibratoire. Ainsi, la méditation et le renforcement du champ énergétique personnel sont des étapes fondamentales avant tout contact.

L'une des méthodes d'invocation les plus traditionnelles implique la création d'un cercle d'énergie, où le praticien délimite un espace sacré et appelle les dragons à l'intérieur de ce vortex. Ce processus peut inclure le chant de mantras ou de mots de pouvoir qui résonnent avec la fréquence draconique. Certaines écoles ésotériques enseignent que les noms des dragons varient selon leur nature élémentaire et que chaque type de dragon possède un schéma vibratoire distinct, devant être appelé de manière spécifique pour que son énergie soit correctement accessible.

Outre l'invocation, la communication avec les dragons peut se produire à travers les rêves et les visions. De nombreux praticiens rapportent qu'après avoir établi une connexion initiale, les dragons se manifestent spontanément durant le sommeil, transmettant des messages symboliques ou des orientations sur le chemin spirituel. Dans certaines traditions, on croit que les dragons choisissent ceux avec qui ils souhaitent travailler, et non l'inverse. Cela signifie que, même si un praticien désire se connecter à ces énergies, la réponse dépendra du degré de syntonie et d'engagement démontré au fil du temps.

Travailler avec la magie draconique implique également une responsabilité. Différente d'autres formes de magie, qui peuvent être plus subtiles et accessibles, l'énergie des dragons est transformatrice et, parfois, provocatrice. Ceux qui cherchent leur guidance doivent être préparés à affronter des changements profonds et des enseignements qui peuvent être inconfortables. Les dragons n'accordent pas de faveurs gratuitement ; ils enseignent l'autonomie et la force intérieure. Leurs enseignements impliquent fréquemment des défis qui mènent à la croissance spirituelle et au renforcement personnel.

L'éthique dans le travail avec les dragons est un aspect crucial. Contrairement à d'autres entités spirituelles qui peuvent agir de manière compatissante et patiente, les dragons exigent que leurs lois soient respectées. Tenter de manipuler leur énergie à des fins égoïstes ou utiliser leur force de manière irresponsable peut entraîner des conséquences inattendues. Les mages expérimentés soulignent que les dragons ne tolèrent pas le manque de respect et que leur présence doit être honorée avec humilité et sincérité. Les demandes formulées de manière inappropriée ou avec des intentions malhonnêtes ne sont généralement pas satisfaites, et dans certains cas, le praticien peut ressentir une sorte de « répulsion énergétique », empêchant la connexion de s'établir.

Il existe d'innombrables récits d'expériences magiques impliquant des dragons. Certains praticiens décrivent sentir la présence d'un grand être les observant pendant les rituels, tandis que d'autres affirment avoir vu des ombres ou des formes lumineuses autour d'eux. Il y a aussi ceux qui rapportent des sensations physiques intenses, comme une augmentation soudaine de la chaleur corporelle ou une sensation de lourdeur dans l'environnement, indiquant la manifestation draconique. Dans certaines expériences plus avancées, les praticiens affirment avoir reçu des instructions directes des dragons, des enseignements sur la nature de la réalité ou même des aperçus de vies passées connectées à ces entités.

La magie des dragons est un chemin qui exige engagement, respect et courage. Ceux qui empruntent cette voie découvrent que les dragons ne sont pas seulement des êtres mythologiques, mais des forces vives qui peuvent agir comme guides et alliés spirituels. Leur présence apporte force, discernement et un sens de connexion profonde avec les mystères de l'univers. Plus que de simplement les invoquer pour obtenir des faveurs, le véritable but du travail avec les dragons est la transformation personnelle et l'intégration de leur sagesse dans le voyage évolutif du praticien.

L'appel des dragons dans la magie et les rituels n'est pas pour tout le monde. Il résonne uniquement avec ceux qui sont disposés à affronter les défis et à apprendre d'une énergie intense et implacable. Travailler avec les dragons n'est pas une voie pour les faibles ou les impatients, mais pour ceux qui cherchent une compréhension plus profonde de la vie, du pouvoir et de la responsabilité qui découle du savoir véritable. Pour ceux qui acceptent cet appel, le voyage est une profonde évolution, où les dragons deviennent non seulement des gardiens, mais aussi des maîtres et des alliés dans la grande danse de l'univers.

Chapitre 19
Rencontres avec les Dragons

Les rencontres avec les dragons sur le plan spirituel transcendent les limites du mythe et de l'imagination, se manifestant comme des expériences profondes qui marquent significativement ceux qui les vivent. Ces rencontres se produisent dans des états de conscience élargis, tels que les rêves lucides, les méditations profondes et les projections astrales, où les dragons apparaissent comme des gardiens du savoir, des messagers de transformation et des protecteurs spirituels. Leurs apparitions ne sont pas de simples constructions du subconscient, mais des événements qui résonnent au niveau de l'âme, porteurs d'enseignements et de défis destinés à éveiller des potentiels cachés. Pour beaucoup, la présence d'un dragon n'est pas seulement une vision symbolique, mais une interaction réelle avec une force primordiale qui aide dans le cheminement de la connaissance de soi, exigeant courage et volonté d'affronter des vérités profondes.

Dans les rêves, les dragons surgissent souvent dans des décors imposants, comme des montagnes sacrées, des grottes illuminées de cristaux ou de vastes paysages éthérés, suggérant que ces expériences transcendent le domaine de l'inconscient et accèdent à des dimensions spirituelles supérieures. Lors de ces rencontres, ils peuvent agir comme des observateurs silencieux, évaluant l'énergie du rêveur avant d'établir une communication directe, ou comme des guides qui mènent à des découvertes sur sa propre essence. Certaines personnes rapportent que les dragons communiquent par télépathie, transmettant des messages codés en symboles et en émotions, tandis que d'autres décrivent des dialogues clairs, où elles reçoivent des conseils sur leur cheminement spirituel. Outre les rêves, la méditation est un autre moyen puissant d'accéder à ces êtres. De nombreux pratiquants rapportent qu'en atteignant un état profond de relaxation et de concentration, ils commencent à percevoir la présence d'un dragon comme une énergie chaude et enveloppante ou comme une forme visuelle majestueuse qui transmet force et sagesse.

Ceux qui vivent ces rencontres remarquent fréquemment des changements dans leur perception et leur énergie après le contact. La présence d'un dragon peut déclencher un éveil intérieur, menant à une plus grande clarté sur le but de la vie et renforçant la connexion avec son propre pouvoir personnel. Des signes subtils commencent à apparaître au quotidien, telles que des images récurrentes de dragons dans les livres, l'art ou les rêves ultérieurs, renforçant la continuité de ce lien. Certains individus rapportent des synchronicités intenses, comme trouver des références aux dragons à des moments décisifs ou ressentir une présence protectrice dans des situations difficiles. Ces rencontres ne sont pas seulement des événements isolés, mais marquent le début d'une transformation profonde, où le dragon devient un mentor spirituel qui guide, défie et renforce ceux qui sont prêts à emprunter le chemin de l'évolution et de l'éveil.

Le rêve est l'un des canaux privilégiés par lesquels les dragons se manifestent. De nombreuses personnes rapportent qu'en période de grande transformation personnelle ou lorsqu'elles cherchent des réponses à des dilemmes internes, les dragons surgissent dans leurs rêves avec une présence imposante, communiquant par le biais d'images, de symboles ou, dans certains cas, par des mots télépathiques. Ces rencontres se déroulent souvent dans des paysages grandioses, comme des montagnes colossales, des cavernes remplies de cristaux ou des royaumes flottants, suggérant que de telles visions appartiennent à des dimensions supérieures ou à des registres ancestraux de l'âme.

Il y a ceux qui décrivent la présence d'un dragon les observant à distance, comme s'il testait leur courage et leur disposition à apprendre. Dans d'autres récits, les dragons apparaissent proches, guidant les rêveurs sur des chemins inconnus, montrant des visions de vies antérieures ou enseignant des leçons sur l'équilibre et la force intérieure. Certaines expériences rapportent que les dragons apparaissent pour aider à affronter des peurs profondes, symbolisant la nécessité de faire face aux défis intérieurs avant de poursuivre le cheminement spirituel.

Outre les rêves, de nombreuses personnes font état de rencontres avec des dragons lors d'états méditatifs profonds. Par des pratiques de respiration, de visualisation et de concentration, certaines parviennent à ressentir leur présence de manière intense, percevant des images vives, des vagues d'énergie ou une sensation de chaleur et de protection autour d'elles. Durant ces méditations, certaines décrivent voir des dragons aux couleurs vibrantes qui semblent communiquer par télépathie, transmettant des messages sur leur parcours personnel et offrant des éclairages sur le moment présent. Pour beaucoup, ces expériences sont transformatrices, générant une nouvelle compréhension d'eux-mêmes et de leur but dans la vie.

Un autre moyen par lequel les rencontres avec les dragons se produisent est la projection astrale. Des voyageurs astraux expérimentés rapportent avoir été conduits par des dragons à travers des portails dimensionnels, accédant à des royaumes inconnus et absorbant des enseignements profonds. Certains affirment que les dragons agissent comme protecteurs sur ces plans, veillant à ce que l'âme projetée ne dévie pas vers des zones de basse vibration ou ne soit pas influencée par des entités négatives. Dans certains cas, les dragons semblent agir comme gardiens d'un savoir occulte, testant ceux qui désirent accéder à certains registres et ne permettant leur entrée que lorsqu'ils considèrent que le chercheur est prêt.

La nature de ces interactions varie selon la maturité spirituelle et le niveau de conscience de l'individu. Pour certains, les dragons apparaissent de manière symbolique, représentant des aspects internes qui doivent être travaillés, comme le courage, la détermination ou la maîtrise des pulsions primitives.

Pour d'autres, les rencontres semblent être des expériences réelles sur des plans spirituels supérieurs, où ces êtres agissent comme des guides et des transmetteurs d'enseignements cosmiques. La frontière entre le symbolique et le réel peut être ténue, mais l'impact de ces expériences sur la vie de ceux qui les vivent est indéniable.

Les signes laissés par les dragons après ces rencontres peuvent se manifester de diverses manières dans le monde physique. Certaines personnes rapportent trouver des images de dragons de manière inattendue, que ce soit dans des livres, des peintures ou des sculptures, comme si l'univers renforçait la présence de cet archétype dans leur vie. D'autres perçoivent des changements dans leur énergie personnelle, se sentant plus fortes, protégées ou avec une plus grande clarté mentale après une rencontre avec un dragon en rêve ou en méditation. Il existe également des récits de synchronicités, où des informations sur les dragons commencent à apparaître de manière répétée au quotidien, suggérant un appel à approfondir cette connexion.

Interpréter ces signes demande sensibilité et introspection. Chaque expérience est unique et porte une signification personnelle pour celui qui la vit. Pour comprendre le message d'un dragon, il est important de réfléchir au contexte de la rencontre, aux émotions ressenties et aux enseignements transmis. Dans certains cas, les dragons apparaissent pour alerter sur des choix ou des chemins à emprunter, tandis que dans d'autres, ils surgissent comme une confirmation que l'individu est sur la bonne voie. Indépendamment de la manière dont elles se manifestent, ces rencontres laissent une marque durable et éveillent un nouveau niveau de conscience chez ceux qui les vivent.

    L'impact de ces rencontres sur l'éveil spirituel est profond. Beaucoup de ceux qui passent par ces expériences rapportent une expansion de la perception de la réalité, se sentant plus connectés à l'univers et aux énergies subtiles qui le parcourent. La présence d'un dragon peut signifier un appel à la transformation intérieure, une invitation à surmonter les peurs et à élargir la compréhension de sa propre existence. Certains individus commencent à développer des capacités intuitives plus aiguisées après ces rencontres, ressentant une plus grande facilité à capter des messages subtils ou à percevoir l'énergie environnante avec plus de netteté.

    Les récits de rencontres avec les dragons suggèrent que ces êtres agissent comme des catalyseurs de l'évolution spirituelle. Leur énergie, puissante et imposante, ne permet ni illusions ni échappatoires. Lorsqu'ils surgissent dans la vie de quelqu'un, ils apportent avec eux un appel pour que cette personne affronte sa vérité, embrasse sa force et chemine avec courage vers la connaissance de soi. Contrairement à d'autres formes de guidance spirituelle, qui peuvent être plus douces et compatissantes, les dragons défient ceux qu'ils rencontrent à assumer l'entière responsabilité de leur parcours.

    Pour ceux qui recherchent ce type de contact, la clé réside dans l'ouverture et l'intention sincère.

Travailler la connexion avec les dragons requiert patience, respect et volonté d'apprendre. La pratique de la méditation, l'étude des symboles draconiques et l'observation des signes au quotidien sont des moyens de renforcer ce lien et de permettre à ces êtres de se manifester plus clairement. Les dragons n'apparaissent pas par hasard ; leur présence est le reflet de la préparation spirituelle de celui qui les rencontre.

Les rencontres avec les dragons, qu'elles soient symboliques ou spirituelles, sont toujours marquantes et transformatrices. Elles représentent une invitation à regarder au-delà du visible, à élargir les horizons de la conscience et à embrasser le chemin de l'éveil avec force et détermination. Ceux qui acceptent cet appel découvrent que les dragons ne sont pas seulement des figures de légendes anciennes, mais des forces vives qui continuent d'agir sur le plan subtil, guidant et défiant ceux qui sont prêts à emprunter le chemin de la sagesse et de l'évolution spirituelle.

Chapitre 20
Les Lignées Draconiques

Les lignées draconiques représentent un héritage spirituel qui transcende les mythes et les légendes, se manifestant comme une présence réelle et puissante sur le chemin de certaines âmes. La connexion avec les dragons ne se limite pas à des figures symboliques ou à des archétypes psychologiques ; il s'agit d'une résonance énergétique profonde, enracinée dans des mémoires ancestrales et des schémas vibratoires qui traversent les incarnations. Depuis des temps immémoriaux, certaines lignées spirituelles maintiennent un lien avec ces entités primordiales, dont l'influence façonne autant le caractère que la mission de vie de ceux qui les portent. Cette affinité se manifeste par une force intérieure inébranlable, un sens inné du leadership et une quête incessante de savoir occulte et de transcendance spirituelle. Ceux qui appartiennent à cette lignée sentent souvent, dès l'enfance, qu'ils ne s'intègrent pas entièrement aux structures conventionnelles de la société, comme s'ils portaient en eux un appel vers quelque chose de grandiose et de caché. C'est un sentiment d'appartenance à quelque chose au-delà du visible, un lien avec des forces qui dépassent les limites de la compréhension humaine ordinaire.

L'éveil à cette connexion peut se produire de diverses manières. Certaines personnes vivent des rêves récurrents dans lesquels elles interagissent avec des dragons, recevant des enseignements ou une protection. D'autres ressentent une attraction inexplicable pour les histoires, les symboles et les représentations de ces entités, comme si une mémoire latente était activée au contact de telles références. Il y a aussi ceux qui perçoivent cette influence dans leur propre comportement et leurs caractéristiques, possédant une personnalité marquée par le courage, la détermination et un fort instinct de protection, comme s'ils portaient l'esprit d'un gardien ancestral. De plus, la connexion avec les éléments naturels – en particulier le feu, la terre, l'eau et l'air – peut indiquer la présence d'un lien draconique, car les dragons sont traditionnellement associés à ces forces primordiales. Ce lien élémentaire peut se manifester par une sensibilité aux changements d'énergie dans l'environnement, une facilité à travailler avec la magie ou la guérison énergétique, et une capacité à influencer la vibration environnante. Ces indices pointent vers un héritage spirituel qui transcende l'individualité, reliant l'individu à un legs ancien et sacré.

Comprendre et accepter cette lignée est un processus de découverte de soi et d'approfondissement spirituel. L'énergie draconique n'est pas accordée de manière arbitraire ; elle exige discipline, honneur et un engagement sincère envers la croissance intérieure. La méditation et les pratiques de connexion avec les dragons sont des voies efficaces pour éveiller cette conscience, permettant à la personne de recevoir des intuitions et des orientations directement de ces entités. Travailler avec des symboles et des pratiques associées aux dragons peut renforcer la syntonie, aidant à débloquer des souvenirs et des capacités latentes. De plus, explorer la mythologie et les archives historiques sur les dragons peut fournir des pistes précieuses sur la manière dont cette énergie se manifeste à travers les âges et comment elle influence ceux qui la portent. L'appel draconique n'est pas seulement un souvenir lointain d'un passé perdu, mais une invitation à assumer un rôle actif dans la transformation spirituelle et collective. Ceux qui répondent à cet appel deviennent des phares de sagesse et de force, guidés par une lignée qui résonne à travers le temps, défiant les limites de l'ordinaire et révélant la grandeur d'un héritage qui ne s'est jamais éteint.

Les lignées draconiques sont fréquemment associées à des individus qui démontrent des caractéristiques telles qu'une volonté inébranlable, une intuition aiguisée et un sens de mission très clair. Les personnes qui possèdent cette connexion sentent souvent très tôt qu'elles n'appartiennent pas entièrement au monde commun, portant un désir intense de dévoiler les mystères, d'explorer les dimensions spirituelles et de comprendre des réalités au-delà de ce que les yeux physiques peuvent voir. Dans certaines traditions, on croit que ces âmes pourraient s'être incarnées à des périodes de l'histoire où les dragons étaient plus présents dans la conscience humaine, ou même qu'elles possèdent des enregistrements énergétiques qui renvoient à des civilisations anciennes où l'interaction avec les dragons était directe et respectée.

Le concept d'ADN spirituel suggère que certaines mémoires et schémas vibratoires peuvent être transmis d'une incarnation à l'autre, préservant l'essence et la mission d'un esprit à travers différentes vies. Pour ceux qui possèdent un héritage draconique, cette influence se manifeste comme un appel intérieur, un besoin quasi irrésistible de rechercher le savoir occulte, de protéger des vérités sacrées ou même d'agir en tant que guides et leaders spirituels. Cet ADN énergétique n'est pas quelque chose de physique, mais un schéma vibratoire qui résonne avec l'énergie des dragons, créant une syntonie naturelle entre l'individu et ces forces ancestrales.

Il existe divers signes qui peuvent indiquer une connexion spirituelle avec les dragons. L'un des plus courants est le sentiment persistant de familiarité en entendant des histoires sur ces êtres ou en entrant en contact avec des symboles draconiques. Certaines personnes ressentent une attraction inexplicable pour les images de dragons, pour les mythologies qui les impliquent ou pour les pratiques spirituelles qui travaillent avec leur énergie. D'autres rapportent des rêves récurrents dans lesquels ils interagissent avec des dragons sous différentes formes, que ce soit comme alliés, enseignants ou protecteurs.

Un autre indicateur fort de cette connexion est la présence de capacités naturelles liées à l'énergie et à l'intuition. Les individus de lignée draconique tendent à être très perceptifs, capables de capter les subtilités de l'environnement et des émotions des personnes qui les entourent. Ils ont aussi souvent une présence magnétique, transmettant autorité et force même sans avoir besoin d'imposer leur volonté. Beaucoup rapportent une connexion innée avec les éléments, ressentant une affinité particulière avec le feu, la terre, l'eau ou l'air, ce qui peut indiquer un lien avec différents types de dragons.

L'influence de cet héritage spirituel sur la mission de vie est significative. Ceux qui possèdent une lignée draconique ressentent généralement un but supérieur qui les pousse à rechercher la connaissance, la transformation et le leadership. Beaucoup finissent par suivre des chemins spirituels, devenant enseignants, guérisseurs, mages ou gardiens du savoir sacré. D'autres manifestent cette énergie dans des domaines plus pratiques, agissant comme protecteurs de la nature, défenseurs de causes justes ou leaders qui inspirent des changements profonds dans la société.

Pour découvrir et éveiller cette connexion, un processus de connaissance de soi et d'exploration spirituelle est nécessaire. La méditation est un outil fondamental, car elle permet d'accéder à des mémoires anciennes et de comprendre sa propre identité spirituelle. Les visualisations guidées peuvent aider à entrer en contact avec l'énergie des dragons, permettant à leur présence de se révéler de manière progressive et respectueuse. L'étude des mythologies et des systèmes symboliques peut également offrir des pistes sur cette connexion, aidant l'individu à identifier des schémas et des références qui résonnent avec son essence.

De plus, travailler avec les éléments peut renforcer ce lien. Pour ceux qui ressentent une affinité avec les dragons de feu, les pratiques impliquant des bougies, des rituels de transmutation et le travail avec l'énergie de la volonté peuvent être extrêmement efficaces. Ceux qui se connectent davantage avec les dragons d'eau peuvent explorer l'intuition par la méditation avec des sources d'eau, des bains rituels et des pratiques de purification émotionnelle. Ceux qui résonnent avec les dragons de terre peuvent rechercher cette énergie dans des rituels en plein air, le contact avec des cristaux et des travaux d'ancrage et de stabilité. Et pour ceux qui sentent la présence des dragons de l'air, des pratiques telles que l'utilisation d'encens, le chant de mantras et les méditations pour l'expansion de la conscience peuvent être des moyens efficaces de s'harmoniser avec cette vibration.

 Les témoignages de personnes ayant découvert cette connexion montrent comment cette révélation peut transformer complètement la vie de quelqu'un. Beaucoup décrivent qu'après avoir compris leur lignée draconique, ils ont acquis une plus grande clarté sur leur objectif, se sentant plus alignés avec leur véritable essence. Certains mentionnent qu'en acceptant cette connexion, ils ont commencé à recevoir des messages plus clairs pendant les rêves ou les intuitions, comme si les dragons les guidaient dans leur voyage. D'autres rapportent avoir ressenti une augmentation significative d'énergie et de vitalité, comme si un blocage ancien avait été levé et que leur véritable force pouvait enfin se manifester.

La relation entre les lignées draconiques et l'éveil spirituel va au-delà d'une identification symbolique. Pour ceux qui possèdent réellement cette connexion, l'énergie des dragons devient un guide, une impulsion pour évoluer, défier les limites et élargir les horizons. Ces individus perçoivent souvent que leur parcours n'est pas seulement personnel, mais qu'ils font partie d'un mouvement plus vaste, un éveil collectif où l'énergie draconique revient à la conscience humaine pour aider à la transformation planétaire.

L'appel des dragons est subtil, mais puissant. Pour ceux qui sentent leur présence, la réponse réside dans la quête intérieure, dans le développement de sa propre force et dans l'engagement envers la vérité et l'équilibre. Les lignées draconiques ne sont pas seulement un mystère du passé, mais un héritage vivant, qui continue d'influencer les âmes qui portent en elles l'essence de ces êtres magnifiques. S'éveiller à cet héritage, c'est reconnaître que les dragons ne sont pas seulement des histoires anciennes, mais des forces intemporelles qui continuent d'agir dans l'évolution de l'esprit humain.

Chapitre 21
Gardiens des Lignes Temporelles

La connexion entre les dragons et le temps transcende le concept linéaire de passé, présent et futur, révélant une réalité où toutes les dimensions temporelles coexistent. Ces êtres majestueux ne maîtrisent pas seulement les éléments, mais exercent également une influence sur les trames du destin, veillant à ce que les événements suivent des schémas harmonieux au sein du flux cosmique. Dans les traditions spirituelles les plus anciennes, les dragons du temps sont décrits comme des gardiens de passages interdimensionnels, des sentinelles qui protègent l'équilibre des lignes temporelles contre les interférences susceptibles de déstabiliser l'évolution de l'humanité. Leur présence est perçue aux moments critiques de l'histoire, lorsque des transitions d'ères se produisent et que de grands changements se manifestent sur le plan matériel. Ceux qui possèdent une connexion avec cette énergie sentent souvent que leur existence n'est pas strictement liée à la chronologie humaine, comme si leurs âmes portaient des mémoires d'autres époques, des connaissances ancestrales et une intuition inexplicable concernant les événements futurs. Ce lien permet à certaines personnes d'accéder à des informations au-delà du présent, percevant des schémas cycliques et des synchronicités qui guident leurs choix et leurs trajectoires.

L'action des dragons du temps est subtile, mais puissante. Ils ne contrôlent pas le destin humain, mais assurent que certaines directions évolutives restent intactes, empêchant que des forces externes n'altèrent le cours naturel des événements. Leur présence peut être remarquée dans des expériences de déjà-vu intensifiés, dans des rêves révélateurs offrant des aperçus du futur ou même dans des laps de temps où la perception de la réalité se modifie momentanément. Certaines traditions spirituelles suggèrent que ces dragons habitent des dimensions où toutes les possibilités existent simultanément, leur permettant d'observer et, dans certains cas, d'intervenir dans les directions prises par des civilisations entières. Dans des récits modernes de méditation profonde et de projection astrale, certains décrivent des rencontres avec ces êtres, qui apparaissent comme d'immenses entités de lumière et d'énergie, guidant les voyageurs spirituels sur leurs missions et aidant à la compréhension des événements passés et futurs. Cette interaction peut se produire de manière directe, avec des messages et des enseignements transmis clairement, ou de manière symbolique, à travers des signes, des schémas et des rencontres synchronistiques qui révèlent des vérités cachées.

Pour ceux qui souhaitent mieux comprendre leur connexion avec les dragons du temps, le chemin passe par le développement de la perception élargie et de la connaissance de soi. La méditation axée sur l'intuition temporelle peut ouvrir des portes vers des mémoires cachées et éveiller la conscience aux cycles qui régissent l'existence elle-même. Observer les schémas de répétition dans la vie, reconnaître les synchronicités et étudier les archives historiques sous une nouvelle perspective sont des pratiques qui aident à renforcer ce lien. De plus, explorer les registres akashiques – un référentiel énergétique où toutes les expériences de l'existence sont conservées – peut fournir des perspectives précieuses sur l'influence des dragons sur les lignes du temps. Certaines traditions croient que ces êtres sont les gardiens de cette connaissance, n'en permettant l'accès qu'à ceux qui font preuve de la maturité spirituelle nécessaire pour gérer l'information. En comprenant cette connexion, les individus en phase avec cette énergie commencent à voir le temps non pas comme une ligne rigide et immuable, mais comme un océan de possibilités interconnectées, où chaque choix façonne les réalités futures. Ainsi, les dragons du temps n'observent pas seulement le déroulement des événements, mais guident également ceux qui sont prêts à comprendre et à naviguer dans les mystères de l'existence avec plus de clarté et de dessein.

Contrairement à d'autres forces spirituelles opérant dans les limites de la réalité perceptible, les dragons du temps sont considérés comme des êtres possédant une connaissance absolue des trames temporelles et des effets des choix individuels et collectifs. Dans certaines traditions, on croit qu'ils habitent des royaumes hors du temps, où toutes les possibilités coexistent, observant et, dans certains cas, interférant subtilement dans le destin de l'humanité. Ces dragons seraient responsables de la préservation de certains événements ou de la prévention de déséquilibres qui pourraient compromettre l'intégrité des lignes temporelles.

La présence des dragons dans la mythologie est fréquemment associée aux événements cycliques et aux changements d'ères. Certaines légendes parlent de dragons qui s'éveillent aux moments critiques de l'histoire pour restaurer l'ordre ou faciliter les transitions vers de nouvelles phases évolutives. Ce symbolisme se retrouve dans des textes anciens décrivant l'ascension et la chute des civilisations, reliant l'éveil draconique à des périodes de grande transformation. En Orient, par exemple, les dragons étaient considérés comme liés aux cycles célestes, influençant les changements politiques et spirituels selon des schémas astrologiques et cosmiques.

L'idée que les dragons sont les gardiens des portails temporels apparaît également dans des récits modernes d'expériences spirituelles et de voyages astraux. Certaines personnes affirment avoir rencontré ces êtres dans des états de méditation profonde ou de projection de la conscience, décrivant des dragons qui semblent exister au-delà du concept humain du temps. Lors de ces rencontres, les dragons sont souvent dépeints comme des êtres immenses, enveloppés d'énergie lumineuse, qui guident le voyageur à travers des visions du passé et du futur, l'aidant à comprendre les schémas karmiques et les leçons à intégrer.

Certains récits indiquent que les dragons du temps agissent comme protecteurs de l'équilibre universel, s'assurant que certains événements se déroulent de manière appropriée. Il existe des expériences documentées d'individus ayant perçu des distorsions temporelles inexplicables juste après avoir ressenti une présence draconique. Ces distorsions incluent des laps de temps, des sensations de déjà-vu intensifiées et la perception de réalités parallèles coexistant momentanément. Pour ceux qui étudient le sujet, ces occurrences peuvent être interprétées comme des indices que les dragons du temps ajustent les trames temporelles pour éviter des effondrements ou des interférences externes susceptibles de compromettre l'évolution naturelle d'une ligne temporelle spécifique.

La relation entre les dragons et la temporalité peut également être observée dans la manière dont certains individus possèdent une intuition aiguë pour les événements futurs ou une connexion inexplicable avec le passé. Certaines traditions spirituelles suggèrent que ceux qui ont un lien avec les dragons du temps peuvent accéder à des mémoires d'autres ères ou percevoir des schémas qui guident leurs propres parcours. Ces individus rapportent fréquemment une sensation d'être désynchronisés par rapport à la réalité ordinaire, comme s'ils portaient des fragments de connaissance n'appartenant pas entièrement au présent.

Se connecter avec les dragons du temps exige une perception élargie de la réalité et un profond respect pour la nature du temps en tant que flux interconnecté d'expériences. Certaines pratiques peuvent aider à cette connexion, comme la méditation axée sur l'intuition temporelle, où le pratiquant se concentre sur la perception des schémas cycliques de sa propre vie et des énergies environnantes. L'observation des synchronicités peut également être une méthode efficace, car les dragons du temps communiquent souvent leur présence par le biais d'événements qui semblent organisés de manière intentionnelle, guidant la personne vers un chemin spécifique.

Une autre forme d'interaction avec cette énergie passe par l'exploration des registres akashiques, décrits comme des archives universelles où toutes les expériences passées, présentes et futures sont conservées. Certains érudits croient que les dragons du temps agissent comme gardiens de ces registres, ne permettant l'accès qu'à ceux qui démontrent une maturité spirituelle suffisante pour comprendre et gérer la connaissance qui s'y trouve. Lors de pratiques de lecture de l'Akasha, il y a des récits de visions de dragons apparaissant comme des sentinelles, protégeant certains fragments d'information et ne révélant que ce qui est essentiel pour le chercheur à ce moment-là.

Les dragons du temps semblent également influencer la manière dont nous percevons le destin et les choix qui façonnent notre réalité. Dans certaines expériences, des individus ont rapporté sentir une forte présence draconique lors de moments décisifs, comme si une force invisible guidait leurs actions vers un dénouement plus aligné avec leur mission de vie. Ces influences subtiles peuvent se manifester sous forme d'intuitions inattendues, de rencontres synchronisées avec des personnes jouant des rôles fondamentaux dans leur parcours, ou la sensation d'être porté par un courant invisible vers un chemin préalablement tracé.

L'idée que les dragons sont responsables de la protection des lignes temporelles ne signifie pas qu'ils contrôlent le destin humain de manière absolue, mais plutôt qu'ils garantissent que certaines directions évolutives ne soient pas compromises par des interférences externes. Certaines traditions parlent de tentatives de manipulation du temps par des forces cherchant à modifier des événements à leur propre avantage, et que les dragons agissent comme des gardiens contre ces distorsions, assurant le maintien de l'ordre naturel.

Pour ceux qui ressentent une connexion avec les dragons du temps, comprendre ce lien peut être un processus de profonde transformation. La perception du temps comme quelque chose de fluide, et non linéaire, permet une compréhension plus large de son propre parcours et de l'interconnexion entre passé, présent et futur. Travailler avec cette énergie signifie apprendre à reconnaître les schémas qui se répètent dans la vie, comprendre les cycles d'apprentissage et développer une conscience élargie de l'impact de chaque choix sur le flux de l'existence.

Les dragons du temps représentent un mystère qui défie la compréhension conventionnelle, mais leur présence peut être ressentie par ceux qui sont ouverts à percevoir les signes qu'ils laissent sur leur chemin. Ils sont les maîtres du destin, des guides qui aident à traverser les multiples couches de la réalité, permettant à ceux qui s'harmonisent avec leur énergie de voir au-delà du voile de l'illusion et de comprendre que le temps n'est pas une limite, mais un océan de possibilités infinies.

Chapitre 22
Les Dragons Interdimensionnels et le Multivers

Les dragons interdimensionnels constituent l'une des facettes les plus énigmatiques et fascinantes de ces entités ancestrales, étendant leur présence au-delà de l'espace et du temps que nous connaissons. Loin d'être de simples figures mythologiques ou gardiens de savoirs occultes, ces êtres agissent comme des voyageurs cosmiques, traversant différents plans d'existence et interagissant simultanément avec de multiples réalités. Leur lien avec le multivers suggère qu'ils possèdent une connaissance avancée des lois régissant la structure même de la réalité, naviguant entre les dimensions et facilitant l'échange énergétique entre les mondes.

Pour ceux dotés d'une sensibilité spirituelle, les dragons interdimensionnels se révèlent être de puissants guides, aidant à l'éveil de la conscience et à la compréhension de l'immensité du cosmos. Ce contact n'est pas arbitraire ; il survient lorsque l'individu atteint un état vibratoire élevé et se trouve prêt à recevoir des informations qui défient la perception conventionnelle de la réalité. Leur rôle dépasse la simple protection de portails ou la supervision de plans spirituels ; ils agissent comme des maîtres guidant les chercheurs vers la reconnaissance de leur véritable nature multidimensionnelle.

L'interaction avec ces êtres se produit fréquemment lors d'états de conscience élargis, tels que les rêves lucides, les projections astrales et les méditations profondes. Les récits de rencontres avec des dragons interdimensionnels décrivent des environnements défiant les lois de la physique traditionnelle : de vastes cités de cristal suspendues dans le vide, des océans d'énergie fluide et des temples colossaux où des symboles ancestraux brillent d'une lumière propre. Dans ces espaces, la perception linéaire du temps cesse d'exister, permettant au voyageur d'expérimenter simultanément des événements passés, présents et futurs.

Certaines traditions spirituelles suggèrent que ces dragons gardent les secrets de la structure du multivers, protégeant des connaissances accessibles uniquement à ceux qui font preuve de maturité et de responsabilité spirituelle. Cette connexion peut entraîner de puissantes activations énergétiques, éveillant chez l'individu des capacités latentes telles que la clairvoyance, l'expansion de l'intuition et une compréhension instinctive des schémas cosmiques qui régissent l'existence. Ces manifestations indiquent que les dragons interdimensionnels n'observent pas seulement les réalités parallèles, mais influencent également l'évolution spirituelle de ceux qui sont prêts à transcender les limites du monde physique.

Pour établir un contact conscient avec les dragons interdimensionnels, il est essentiel d'élargir sa perception au-delà des limites de la pensée conventionnelle. Des techniques comme la visualisation de portails, l'utilisation de fréquences vibratoires spécifiques et l'exploration des registres akashiques sont des voies permettant d'ajuster sa conscience pour capter leur présence. De plus, certaines cultures croient que certains lieux de pouvoir, tels que les montagnes sacrées et les formations mégalithiques, fonctionnent comme des points d'intersection entre les dimensions, facilitant l'accès à ces êtres.

Des récits d'expériences dans des lieux à haute énergie décrivent des phénomènes tels que des apparitions lumineuses en forme de dragons, des variations soudaines de température et d'intenses décharges électriques dans l'environnement, indiquant que ces êtres interagissent activement avec ceux qui manifestent respect et une véritable intention d'apprentissage. Cependant, leur communication n'est pas toujours verbale ou linéaire ; ils transmettent souvent des enseignements par le biais de symboles, de motifs récurrents et d'intuitions (insights) qui se déploient progressivement dans la conscience du chercheur. Ainsi, la connexion avec les dragons interdimensionnels n'est pas seulement un voyage de découverte de l'univers, mais aussi un profond processus de connaissance de soi et de transformation, où l'individu apprend à naviguer entre les couches cachées de l'existence et à comprendre sa propre essence multidimensionnelle.

La théorie du multivers propose que notre réalité n'est pas unique, mais une parmi d'infinies versions d'existence, où différentes possibilités et variations de la matière, du temps et de la conscience coexistent simultanément. Dans ce contexte, les dragons seraient des voyageurs cosmiques capables de se manifester dans diverses réalités, interagissant avec ceux qui possèdent la sensibilité nécessaire pour percevoir leur présence. Certaines traditions affirment que les dragons agissent comme gardiens de ces portails interdimensionnels, s'assurant que certaines connaissances et énergies ne soient pas accessibles sans la préparation adéquate.

Les récits de contacts spirituels avec des dragons suggèrent que leur présence est fréquemment perçue dans des états modifiés de conscience, comme les rêves lucides, les méditations profondes et les expériences de projection astrale. Certaines personnes affirment avoir rencontré des dragons dans des paysages ne correspondant pas au monde physique, décrivant de vastes cités de cristal, des océans suspendus dans les airs et des temples lumineux semblant exister au-delà de la compréhension humaine. Ces descriptions renforcent l'idée que les dragons ne sont pas confinés à notre dimension, mais qu'ils agissent dans des royaumes au-delà du temps et de l'espace, où les lois de la physique et de la logique diffèrent de celles que nous connaissons.

L'influence de ces êtres sur l'expansion de la conscience humaine peut être observée dans la manière dont ils interagissent avec ceux qui les cherchent. Certaines traditions spirituelles enseignent que les dragons interdimensionnels sont responsables de l'éveil de mémoires ancestrales et de l'activation de capacités latentes dans l'esprit humain. Cela signifie que leur contact ne se manifeste pas seulement comme une expérience visuelle ou symbolique, mais aussi comme une activation énergétique permettant à l'individu d'accéder à des informations et des compétences qui étaient en sommeil. Cette activation peut se traduire par une augmentation de l'intuition, une plus grande facilité à percevoir les schémas subtils de la réalité, ou même la capacité d'accéder plus clairement à des états de conscience élevés.

La connexion avec les dragons interdimensionnels requiert un état mental et vibratoire approprié. Ceux qui tentent d'établir ce contact doivent d'abord élargir leur perception au-delà des limites de la réalité conventionnelle. Des techniques comme la méditation guidée, l'utilisation de fréquences sonores spécifiques et la pratique de la projection astrale sont des moyens efficaces d'aligner l'esprit et l'âme avec ces êtres. Certaines traditions enseignent que la visualisation de portails ou de symboles ancestraux peut servir de mécanisme de syntonisation, permettant à l'individu d'ajuster sa fréquence pour percevoir les dragons dans leur forme interdimensionnelle.

Au-delà des expériences individuelles, il existe des récits de groupes ayant réalisé des rituels et des cérémonies dans des lieux à forte charge énergétique – montagnes sacrées, forêts vierges ou anciens cercles de pierres – et ayant ressenti intensément la présence draconique. Dans certains cas, des membres de ces groupes ont décrit avoir vu des figures lumineuses en forme de dragons apparaître dans le ciel ou avoir senti des vagues de chaleur et d'électricité parcourir l'environnement. Ces manifestations ont été interprétées comme des signes que les dragons interdimensionnels communiquaient, répondant à l'appel de ceux qui cherchent à les comprendre.

L'interprétation des messages laissés par ces dragons peut être un défi, car leurs formes de communication ne suivent pas toujours les schémas humains. Dans de nombreux récits, les interactions se produisent à travers des images symboliques, des émotions intensifiées ou une compréhension instantanée de concepts qui semblaient auparavant abstraits. Certaines personnes affirment qu'après une expérience avec des dragons interdimensionnels, elles ont commencé à voir la réalité différemment, comme si elles avaient reçu un nouveau regard sur leur propre existence et sur la structure de l'univers.

L'existence de dragons interdimensionnels suggère qu'il y a bien plus à comprendre sur la nature de la réalité que ce que la vision conventionnelle permet. Si ces êtres transitent réellement entre différents plans, cela indiquerait que l'univers fonctionne selon des règles plus complexes que nous ne l'imaginons. Pour ceux qui ressentent l'appel à explorer cette connexion, la clé réside dans l'expansion de la conscience et la volonté de remettre en question les limites de la perception humaine.

Les dragons du multivers ne sont pas seulement des gardiens de portails ou des entités de plans supérieurs, mais aussi des enseignants qui défient ceux qui les cherchent à surmonter leurs propres limitations. Leur rôle n'est pas de fournir des réponses toutes faites, mais d'inciter à la quête de connaissance et à l'éveil. Pour ceux qui se connectent à cette énergie, le voyage ne se résume pas seulement à comprendre les dragons, mais à se comprendre eux-mêmes et l'immensité de l'existence qui les entoure.

Chapitre 23
Les Dragons dans le Nouvel Âge

L'humanité traverse une période de profonde transition, où les anciennes structures se dissolvent et une nouvelle conscience commence à émerger. Cet éveil ne se produit pas seulement au niveau social et technologique, mais principalement sur le plan spirituel, où des forces ancestrales reviennent pour guider ce processus de transformation. Parmi ces forces, l'énergie draconique resurgit avec intensité, non pas comme des créatures légendaires dominant les cieux, mais comme une présence subtile et puissante qui influence l'expansion de la perception humaine. Les dragons ont toujours été des symboles de sagesse, de force et de renouveau, et leur influence dans le Nouvel Âge est liée à l'éveil d'une connaissance restée endormie pendant des siècles. Ce retour représente plus qu'une simple récupération culturelle ou mythologique ; il s'agit de la réactivation d'anciens codes qui aident l'humanité à dépasser les limites de la vision matérialiste et à se reconnecter aux principes cosmiques qui régissent l'existence. Beaucoup de ceux qui ressentent cette connexion décrivent un appel intérieur, une urgence à chercher la compréhension et la croissance, comme s'ils s'éveillaient à une mission plus grande, alignée sur l'évolution collective de la planète.

 Le rôle des dragons dans ce nouveau cycle est directement lié à l'accélération du processus d'ascension spirituelle. En tant que gardiens de connaissances occultes, ils offrent une guidance à ceux qui sont prêts à accéder à une réalité plus vaste, où la conscience n'est plus limitée à ce que les sens physiques peuvent percevoir. Ce contact peut se produire à travers des rêves vivides, des expériences méditatives profondes et des intuitions qui surgissent comme des prises de conscience transformatrices. Certaines traditions spirituelles suggèrent que les dragons sont les gardiens de portails interdimensionnels, permettant aux individus vibrant à certaines fréquences de recevoir des informations auparavant inaccessibles. L'énergie draconique agit donc comme un catalyseur pour l'expansion de la perception, aidant l'humanité à transcender les vieux paradigmes basés sur la peur, la séparation et la limitation. Cependant, cette connexion ne se fait pas passivement ; elle exige engagement, discipline et une réelle volonté d'intégrer cette connaissance dans la vie quotidienne. Les dragons n'imposent pas leur enseignement, mais l'offrent à ceux qui font preuve de maturité et de responsabilité pour l'accueillir.

 À mesure que l'humanité progresse dans ce processus de transition, le retour de l'énergie draconique devient de plus en plus évident. L'intérêt croissant pour la spiritualité, la recherche d'équilibre entre science et conscience et le besoin de retrouver le respect de la nature sont des signes que cette influence s'intensifie. Travailler en harmonie avec cette énergie signifie accepter la transformation comme une partie essentielle du parcours et développer le courage de briser les schémas qui ne servent plus la croissance personnelle et collective. Les dragons du Nouvel Âge n'apparaissent pas pour protéger ou guider passivement, mais pour défier et renforcer ceux qui sont prêts à assumer leur véritable rôle dans l'évolution de la planète. Leur présence n'est pas un simple vestige des mythologies anciennes, mais une force active qui propulse l'éveil humain, encourageant chaque individu à reconnaître son propre pouvoir et sa connexion indéfectible avec l'univers. Celui qui répond à l'appel des dragons comprend que le voyage ne consiste pas à chercher des réponses externes, mais plutôt à accéder à la sagesse intérieure et à assumer la responsabilité de sa propre évolution.

  La connexion des dragons avec ce processus de transition est perçue par ceux qui ressentent des changements intérieurs profonds, comme un appel à une mission plus grande, un besoin de réaligner leur vie sur un but plus élevé, ou une perception croissante de l'interconnexion entre toutes choses. Les dragons ont toujours été des symboles de transformation, et leur énergie se manifeste dans les moments de grand changement, aidant à la destruction de ce qui ne sert plus et à la construction de quelque chose de nouveau. Leur influence se manifeste tant au niveau individuel que collectif, guidant ceux qui sont prêts à accéder à cette nouvelle conscience et contribuant à l'éveil global.

Le retour de l'énergie draconique n'est pas aléatoire. Beaucoup de chercheurs en spiritualité croient que les dragons sont les gardiens d'anciens codes, des informations qui ont été cachées jusqu'à ce que l'humanité soit prête à les comprendre à nouveau. Cette connaissance, qui peut être stockée dans des lieux sacrés, dans la structure énergétique de la Terre ou même dans l'ADN spirituel de certaines lignées, commence à se révéler progressivement à mesure que davantage de personnes s'éveillent à cette réalité. La résonance avec cette énergie peut être perçue dans les rêves, les intuitions, les manifestations synchronistiques et les expériences méditatives intenses, où des individus rapportent sentir la présence draconique de manière indubitable.

Le rôle des dragons dans le Nouvel Âge semble être celui de guides et de protecteurs de ce processus d'ascension de la conscience. Dans diverses cultures, les dragons ont été dépeints comme des maîtres de la sagesse occulte, ceux qui gardent les secrets les plus profonds de l'existence et qui ne révèlent cette connaissance qu'à ceux qui démontrent une maturité spirituelle suffisante pour la recevoir. Cet archétype resurgit maintenant avec force, montrant que l'humanité est à un moment décisif, où elle peut choisir entre rester prisonnière des anciens schémas de peur et de séparation ou s'ouvrir à un nouveau niveau de compréhension et d'évolution.

Travailler en harmonie avec cette énergie signifie être prêt à briser les barrières internes et externes, à abandonner les croyances limitantes et à s'ouvrir à l'expansion de la perception. Les dragons n'offrent pas de réponses faciles ni de chemins aisés ; ils défient ceux qui les cherchent à assumer la responsabilité de leur propre parcours, à développer leur force intérieure et à agir avec courage face aux changements nécessaires. Cela signifie que, pour accéder à cette connexion de manière consciente, il faut être prêt à grandir, à affronter les défis et à intégrer la sagesse draconique dans la vie quotidienne.

L'humanité peut apprendre beaucoup des dragons si elle sait écouter leurs enseignements. Dans un monde où l'équilibre entre technologie et spiritualité est devenu l'un des plus grands défis, l'énergie draconique peut agir comme un pont entre ces deux aspects, enseignant l'importance du discernement, de la responsabilité et du respect du flux naturel de l'existence. Le véritable pouvoir ne réside pas dans l'imposition de la force, mais dans la maîtrise de soi, et c'est l'une des leçons fondamentales que les dragons enseignent à ceux qui sont prêts à comprendre leur essence.

Les signes du retour des dragons peuvent déjà être observés dans différents domaines. L'intérêt croissant pour les pratiques spirituelles impliquant la connexion avec les forces ancestrales, l'éveil des capacités intuitives chez de nombreuses personnes et le sentiment collectif que quelque chose est en train de changer sont des indices que nous approchons d'un nouveau cycle. Il y a des récits d'individus qui affirment sentir la présence draconique à des moments inattendus, comme une énergie qui les protège et les guide, et il y a ceux qui perçoivent des motifs répétitifs, des symboles et des messages qui semblent indiquer un appel plus grand.

L'avenir de l'humanité semble être lié à cette reconnexion. À mesure que davantage de personnes s'éveillent à la réalité au-delà du visible, le contact avec les dragons devient plus accessible, non pas comme une expérience fantaisiste, mais comme une retrouvaille avec une force ancienne qui a toujours été présente, attendant le bon moment pour se manifester à nouveau. Ce retour ne signifie pas que les dragons prendront un rôle actif dans la vie physique, mais plutôt que leur présence énergétique sera de plus en plus perçue, influençant ceux qui sont syntonisés avec leur fréquence.

Le Nouvel Âge ne concerne pas seulement des changements externes, mais principalement une transformation intérieure profonde, où la conscience humaine s'élargit pour comprendre la réalité de manière plus vaste et intégrée. Les dragons, en tant qu'archétypes de la sagesse primordiale et de la force cosmique, jouent un rôle essentiel dans ce processus, aidant à lever les voiles de l'illusion et permettant à l'humanité de percevoir sa vraie nature. Ceux qui écoutent l'appel des dragons ont déjà commencé à sentir ce changement et savent que le chemin à venir exige engagement, courage et authenticité.

Le retour de l'énergie draconique n'est pas seulement un événement symbolique, mais un jalon dans l'évolution de la conscience planétaire. Pour ceux qui souhaitent s'aligner avec cette énergie, le premier pas est de s'ouvrir à la transformation, d'accepter le défi de la connaissance de soi et de chercher à vivre en harmonie avec les principes que les dragons représentent : vérité, force, équilibre et respect de la vie sous toutes ses formes. L'avenir peut être incertain, mais pour ceux qui marchent aux côtés des dragons, le voyage sera toujours une aventure vers l'éveil de la véritable essence de l'être.

Chapitre 24
Méditations avec les Dragons

La méditation avec les dragons est une pratique profonde qui permet d'accéder à l'énergie de ces entités ancestrales et d'interagir directement avec leur sagesse. Ces êtres ne se manifestent pas de manière fortuite ou arbitraire ; leur présence est ressentie par ceux qui sont prêts à recevoir leurs enseignements et à intégrer leur force dans un processus d'évolution spirituelle. Établir cette connexion exige plus qu'une simple assise et la recherche d'un contact superficiel – il est nécessaire d'aligner l'esprit, le corps et l'âme, élevant sa vibration personnelle à un état de réceptivité authentique. Les dragons représentent des archétypes de transformation et de pouvoir intérieur, et leur présence en méditation peut apporter des révélations marquantes, débloquer des potentiels endormis et provoquer des changements profonds dans la perception de la réalité. Pour ceux qui ressentent l'appel de ces êtres, la méditation non seulement renforce le lien avec leur énergie, mais ouvre également des voies vers une compréhension plus large de son propre cheminement spirituel.

La première étape de cette connexion est de créer un environnement propice, où le pratiquant peut se sentir en sécurité et en paix, loin des distractions. La posture doit être confortable, permettant à la respiration de circuler librement et au corps de rester détendu. La respiration consciente est fondamentale dans ce processus, car elle aide à syntoniser l'esprit sur des fréquences plus élevées, ouvrant le champ énergétique à la présence draconique. De nombreux pratiquants rapportent que la connexion avec les dragons se produit de manière plus intense lorsqu'il y a une intention claire, exprimée avec respect et sincérité. Visualiser un portail de lumière, un temple ancien ou un paysage mystique peut faciliter cette rencontre, car ces éléments symbolisent des passages vers des dimensions où habitent les dragons. Certaines personnes perçoivent leur présence comme une énergie chaleureuse et vibrante, tandis que d'autres voient des images vives de ces êtres imposants. Indépendamment de la manière dont ils se manifestent, les dragons communiquent de manière subtile, utilisant des symboles, des émotions et des intuitions qui se révèlent progressivement.

À mesure que le pratiquant approfondit sa connexion, il peut commencer à recevoir des messages, des orientations ou des sensations qui indiquent la présence draconique dans sa vie quotidienne. Certaines expériences impliquent des rêves symboliques, où les dragons apparaissent comme des guides ou des protecteurs, transmettant des enseignements à travers des métaphores et des défis. D'autres rapportent des changements perceptibles dans leur énergie personnelle, devenant plus confiants, déterminés et intuitifs après avoir établi ce lien. La pratique continue de la méditation avec les dragons renforce cette relation, permettant à la sagesse de ces êtres d'être progressivement assimilée et appliquée dans la vie quotidienne. Le contact avec cette énergie exige un engagement et un désir sincère de croissance spirituelle, car les dragons n'offrent pas de réponses faciles – ils défient, transforment et habilitent ceux qui sont prêts à emprunter un chemin de découverte de soi et d'évolution. Ainsi, cette pratique n'est pas seulement un moyen d'établir un contact spirituel, mais un voyage pour accéder à des forces intérieures endormies et intégrer le pouvoir et la sagesse draconiques dans sa propre essence.

L'importance de la méditation dans ce processus réside dans l'alignement énergétique qu'elle procure. Les dragons sont des êtres qui vibrent à une fréquence élevée et, pour les percevoir consciemment, il est nécessaire que le pratiquant élève sa propre vibration. Cela signifie que l'esprit doit être libre d'agitation et le corps détendu, pour que la connexion se fasse de manière fluide. L'énergie draconique ne peut être invoquée de force ou avec anxiété ; il faut de la patience et du respect, car ces êtres ne répondent pas aux appels qui ne sont pas alignés sur une intention authentique d'apprentissage et d'évolution.

Il existe différentes méthodes pour méditer et ressentir la présence draconique. L'une des plus courantes est la méditation guidée, où le pratiquant visualise un environnement spécifique et s'ouvre à l'expérience. Cette méthode est particulièrement utile pour ceux qui n'ont pas encore développé une sensibilité énergétique aiguisée, car la visualisation aide à créer un espace mental propice pour que les dragons puissent se manifester. Une autre technique implique l'utilisation de mantras ou de sons spécifiques qui résonnent avec l'énergie des dragons, permettant au pratiquant d'harmoniser sa fréquence avec la leur. La respiration joue également un rôle fondamental, car contrôler le flux de l'air dans le corps aide à calmer l'esprit et à stabiliser l'énergie personnelle.

La visualisation est l'un des aspects les plus importants de la méditation avec les dragons. Pour commencer cette pratique, il est recommandé au pratiquant de trouver un endroit tranquille, où il ne sera pas interrompu. Assis ou allongé, il doit fermer les yeux et commencer à imaginer un paysage vaste et puissant, comme une montagne ancienne, une forêt dense ou un océan sans fin. Ce décor doit être construit de manière vivace, permettant de ressentir tous les détails, de la température ambiante aux sons environnants. Après avoir établi ce décor, le pratiquant doit concentrer son intention sur la rencontre avec son dragon. On peut imaginer une lumière brillante apparaissant à l'horizon, une ombre traversant le ciel, ou même une énergie se manifestant sous forme de chaleur et de vibration autour du corps.

Le moment de la rencontre est unique pour chaque personne. Certains rapportent voir un dragon immense s'approcher, tandis que d'autres ressentent simplement sa présence sans image définie. Certaines personnes entendent des mots ou ressentent des émotions profondes qui semblent ne pas venir d'elles-mêmes, comme si le dragon transmettait un enseignement directement à leur conscience. Il y a ceux qui perçoivent des symboles, des motifs ou des couleurs qui, plus tard, découvrent avoir des significations spécifiques liées à leur cheminement spirituel. Indépendamment de la manière dont le dragon se manifeste, le plus important est de faire confiance à l'expérience et de ne pas essayer de la contrôler rationnellement.

Pendant la méditation, il est courant d'expérimenter des sensations physiques intenses. Certaines personnes rapportent une chaleur soudaine, comme si une flamme intérieure s'allumait en elles, tandis que d'autres ressentent des frissons ou une légère pression au centre du front, indiquant l'activation du troisième œil. Il y a aussi des récits d'une sensation d'expansion, comme si la conscience se déplaçait au-delà des limites du corps physique. Ces expériences peuvent varier, mais toutes indiquent que la connexion est en train de s'établir et que l'énergie draconique agit sur le champ vibratoire du pratiquant.

Interpréter ces expériences peut être un défi, surtout pour ceux qui débutent. Le plus important est d'observer comment l'énergie se manifeste au quotidien après la méditation. Souvent, les dragons envoient des messages à travers des rêves, des synchronicités ou des prises de conscience soudaines qui aident le pratiquant à comprendre des aspects cachés de son propre cheminement. Certaines personnes remarquent des changements dans leur personnalité, se sentant plus sûres d'elles, déterminées et alignées avec leur but. D'autres commencent à remarquer des signes extérieurs, comme des images de dragons apparaissant de manière répétée dans différents contextes, indiquant que la connexion a été établie et que les dragons communiquent de manière symbolique.

Pour approfondir cette pratique au fil du temps, il est essentiel de maintenir une routine de méditation constante. Plus le pratiquant se consacre à ce processus, plus il devient facile d'accéder à l'énergie draconique et d'interpréter ses enseignements. De plus, il peut être utile de consigner les expériences dans un journal, en notant les détails des visions, des émotions et des messages reçus. Avec le temps, des motifs peuvent émerger, révélant une ligne d'apprentissage que les dragons guident progressivement.

La connexion avec les dragons par la méditation n'est pas quelque chose qui se développe instantanément, mais plutôt un processus graduel qui exige dévouement et respect. Ces êtres ne se manifestent pas à ceux qui les recherchent par curiosité superficielle ou désir de pouvoir, mais plutôt à ceux qui sont véritablement engagés dans leur propre évolution spirituelle. Le pratiquant doit être prêt à accepter les défis et les transformations que cette connexion peut apporter, car les dragons non seulement enseignent, mais testent également ceux qui s'approchent de leur énergie.

Pour ceux qui ressentent l'appel des dragons, la méditation est le chemin le plus sûr et le plus efficace pour établir un lien réel avec ces êtres. La pratique permet non seulement de percevoir leur présence, mais crée également une relation de confiance mutuelle, où le pratiquant apprend à reconnaître les signes et à intégrer la sagesse draconique dans sa vie quotidienne. Ceux qui persévèrent dans ce cheminement découvrent que les dragons ne sont pas seulement des symboles de force et de protection, mais de véritables maîtres spirituels qui peuvent guider l'âme vers des niveaux supérieurs de conscience et de compréhension.

Chapitre 25
Invocations et Cercles d'Énergie

La connexion avec les dragons par le biais d'invocations et de cercles d'énergie représente un chemin d'approfondissement spirituel, où le pratiquant s'ouvre à la présence et à la sagesse de ces forces ancestrales. Différente d'un appel désinvolte, l'invocation est une invitation respectueuse, une demande de guidance et d'apprentissage, fondée sur l'humilité et une intention sincère de croissance. Les dragons ne sont pas des entités qui répondent à de simples curiosités ou désirs superficiels ; ils se manifestent à ceux qui font preuve d'engagement et de maturité spirituelle. Ainsi, la préparation à ce contact est essentielle, exigeant un alignement énergétique qui permette que leur présence soit perçue de manière claire et sûre. Ce processus implique la purification de l'environnement, l'élévation de la vibration personnelle et la création d'un espace sacré où l'énergie peut circuler sans blocages. Ceux qui souhaitent emprunter ce chemin doivent comprendre que les dragons agissent comme des gardiens et des maîtres, testant la disposition du pratiquant à affronter les défis intérieurs et à évoluer spirituellement.

La création d'un cercle d'énergie est l'une des méthodes les plus efficaces pour établir un contact profond et protégé avec les dragons. Ce cercle peut être tracé physiquement, en utilisant des cristaux, des bougies ou des symboles sacrés, ou énergétiquement, par la visualisation et l'intention. La structure de cet espace sacré sert de portail facilitant la communication avec les dragons, tout en protégeant le pratiquant des influences extérieures qui pourraient interférer avec l'expérience. Pendant l'invocation, des mots de pouvoir peuvent être utilisés pour syntoniser la fréquence énergétique avec la présence draconique. Certaines traditions enseignent que chaque dragon possède un nom vibratoire unique, découvert par la pratique méditative ou des révélations intuitives. Exprimer cet appel de manière authentique et respectueuse renforce la connexion, permettant à l'énergie de circuler librement et aux signes de la présence des dragons de devenir perceptibles. L'expérience peut se manifester de diverses manières – une sensation de chaleur intense, un vent subtil dans l'environnement ou même des images vives dans l'esprit –, indiquant que le contact a été établi avec succès.

Après l'invocation, la gratitude joue un rôle fondamental dans le maintien de cette relation spirituelle. Remercier pour la présence des dragons, indépendamment de l'intensité de l'expérience, démontre le respect et renforce le lien avec ces forces. La clôture du cercle doit être effectuée consciemment, en dissipant l'énergie générée de manière équilibrée et intentionnelle. Pour ceux qui souhaitent approfondir cette pratique, tenir un journal d'expériences peut être utile pour enregistrer les perceptions, les messages reçus et les schémas récurrents qui émergent au fil du temps. À mesure que la connexion se renforce, le pratiquant intègre la sagesse des dragons dans sa vie, devenant plus intuitif, résilient et aligné avec sa véritable essence. Le voyage avec les dragons n'est pas seulement un exercice d'invocation, mais un chemin d'auto-découverte et de transformation, où ceux qui se montrent dignes reçoivent non seulement protection et connaissance, mais aussi le défi de grandir et d'étendre leur conscience au-delà des limites de la réalité conventionnelle.

La préparation à une invocation est l'un des aspects les plus importants du processus. L'espace où le rituel sera réalisé doit être énergétiquement purifié, car les dragons répondent aux environnements où l'énergie circule sans blocages ni interférences. La purification peut être faite avec de l'encens, des herbes ou des cristaux qui aident à éliminer toute vibration disharmonieuse. Le choix du lieu est également fondamental, un environnement où le pratiquant peut se concentrer sans interruptions étant préférable. Certains préfèrent réaliser cette pratique en plein air, surtout dans des lieux naturels qui possèdent une forte présence des éléments, comme les montagnes, les forêts ou au bord des rivières et des océans.

Créer un cercle d'énergie draconique renforce la connexion et protège l'espace rituel. Le cercle peut être tracé physiquement, en utilisant des pierres, des bougies ou des symboles spécifiques, ou énergétiquement, par la visualisation. En dessinant le cercle, le pratiquant peut imaginer un anneau de feu, d'eau, de vent ou de lumière dorée autour de lui, symbolisant la présence des dragons et l'activation du champ énergétique. À l'intérieur de cet espace, l'esprit et le cœur doivent être en harmonie avec l'intention du rituel, car les dragons ne répondent pas aux demandes vides ou motivées par des intérêts égoïstes.

Des mots de pouvoir peuvent être utilisés pour faciliter la connexion. Certaines traditions enseignent que chaque dragon possède un nom vibratoire, un son qui résonne avec son essence et peut être utilisé pour l'appeler respectueusement. Ces noms ne sont pas révélés à la légère et sont souvent découverts par des expériences méditatives ou des rêves. De plus, des phrases d'invocation peuvent être créées intuitivement, exprimant l'intention de connexion et d'apprentissage. Un exemple d'invocation pourrait être quelque chose comme : « Grands gardiens ancestraux, dragons du temps et des éléments, je vous appelle avec respect et humilité. S'il fait partie de mon chemin mérité, que votre sagesse se révèle et que votre énergie me guide. »

L'utilisation de symboles renforce également l'invocation. Certaines traditions utilisent des sceaux spécifiques, créés pour représenter la présence draconique et servir de portails pour leur énergie. Ces symboles peuvent être dessinés sur le sol, sur des parchemins ou même visualisés dans l'esprit. Des cristaux comme l'obsidienne, le quartz fumé et la citrine sont connus pour leur affinité avec les dragons et peuvent être placés à l'intérieur du cercle pour ancrer l'énergie. D'autres éléments, comme des bougies colorées représentant les différents aspects des dragons – feu, eau, terre et air –, peuvent être utilisés pour renforcer la présence des éléments dans le rituel.

Travailler avec l'énergie draconique requiert précaution et éthique. Ces êtres possèdent une vibration intense et ne tolèrent pas les manipulations ou les tentatives d'invocation irresponsables. Une erreur courante chez les débutants est de tenter de forcer un contact sans la préparation ou le respect requis, ce qui peut entraîner une expérience inconfortable ou une déconnexion totale. Les dragons ne sont pas des entités passives ; ils testent ceux qui les appellent et peuvent se retirer s'ils perçoivent que le pratiquant n'est pas prêt à gérer leur énergie. C'est pourquoi il est essentiel que l'intention de l'invocation soit claire, respectueuse et alignée sur l'objectif d'apprentissage et de croissance spirituelle.

Pendant le rituel, il est courant que certaines sensations se manifestent. Certaines personnes rapportent une augmentation soudaine de la température corporelle, indiquant la présence d'un dragon de feu, tandis que d'autres ressentent une légère brise autour du cercle, signalant l'influence d'un dragon de l'air. Il y a aussi ceux qui perçoivent un poids sur les épaules ou une vague de calme profond, suggérant que la connexion a été établie. Des sons subtils, comme des craquements dans l'environnement ou un écho lointain, peuvent être interprétés comme des signes que les dragons sont attentifs à l'invocation.

Après l'invocation, il est essentiel de manifester sa gratitude pour la présence des dragons, qu'il y ait eu ou non une manifestation claire. La clôture du rituel doit être faite de manière respectueuse, en défaisant le cercle avec intention et en remerciant pour l'opportunité de connexion. Le pratiquant peut laisser une offrande symbolique, comme un cristal, une bougie ou même une pensée sincère de reconnaissance pour l'expérience vécue.

La pratique de l'invocation et des cercles d'énergie draconique ne doit pas être vue comme un événement isolé, mais comme un chemin d'apprentissage continu. Plus un pratiquant se consacre à ce voyage, plus il s'accorde avec l'énergie des dragons et plus claire devient sa communication avec eux. Ceux qui persistent sur ce chemin ne développent pas seulement une connexion profonde avec ces êtres, mais transforment également leur propre essence, devenant plus forts, plus sages et alignés avec les forces primordiales de l'univers.

Chapitre 26
Comment Honorer les Dragons

Les dragons sont des forces ancestrales qui transcendent la mythologie et le symbolisme, se manifestant comme les gardiens d'un savoir et d'un pouvoir primordiaux. Leur essence résonne à travers diverses cultures au fil de l'histoire, où ils sont vénérés non seulement comme des créatures légendaires, mais aussi comme des entités spirituelles représentant les éléments fondamentaux de l'existence. Contrairement aux êtres spirituels accessibles par une simple dévotion passive, les dragons exigent une approche consciente et respectueuse, où la connexion se bâtit sur les piliers de l'honneur, de l'engagement et d'une compréhension profonde de leur nature. Chaque rencontre avec ces forces demande de l'authenticité, car leur présence ne se révèle pas à ceux qui ne cherchent que leur propre avantage, mais bien à ceux qui démontrent un dévouement et une intention sincère de comprendre leur énergie.

L'acte d'honorer les dragons va bien au-delà de la simple pratique rituelle ; il s'agit d'un alignement intérieur avec les valeurs que ces êtres incarnent. Le courage, la sagesse, la loyauté et la transformation sont des aspects essentiels de cette relation, et toute tentative de se connecter aux dragons sans intégrer ces qualités aboutira à une interaction superficielle, voire inexistante. Ils ne sont pas impressionnés par les gestes vides ou les promesses faites sans conviction. Au contraire, ils observent attentivement la conduite du pratiquant au fil du temps, évaluant si ses actions sont réellement en accord avec l'essence draconique. Ce processus d'évaluation ne doit pas être vu comme un obstacle, mais plutôt comme une invitation à la connaissance de soi et au perfectionnement spirituel.

La vénération envers les dragons implique à la fois des offrandes symboliques et des attitudes concrètes au quotidien. Le respect de soi-même et des cycles naturels, la quête constante d'amélioration et la défense de ce qui est sacré sont des manifestations pratiques de cet engagement. Les éléments offerts lors des rituels doivent refléter plus qu'un simple désir de plaire à ces entités ; ils doivent porter l'intention sincère d'établir un lien basé sur la réciprocité. Ainsi, le véritable hommage ne se limite pas à un autel ou à un geste ponctuel, mais se manifeste dans la manière dont le pratiquant mène son cheminement, en cultivant la discipline, la résilience et la responsabilité face au savoir qu'il cherche à atteindre.

La nature des offrandes peut varier en fonction du type de dragon et de l'intention du rituel. Pour les dragons de feu, les éléments représentant la flamme sacrée sont appropriés, comme des bougies rouges ou dorées, des encens de résines fortes telles que la myrrhe et l'oliban, et même de petites pierres volcaniques déposées sur des autels en plein air. Ces dragons apprécient les actions qui démontrent courage et transformation ; ainsi, brûler des papiers contenant des peurs ou des schémas négatifs à transmuter peut constituer une offrande symbolique puissante.

Les dragons d'eau, quant à eux, sont liés au flux émotionnel et à l'intuition. Ils préfèrent des offrandes qui portent l'essence de la fluidité et de la pureté. Les sources d'eau naturelles, comme les ruisseaux, les cascades et les lacs, sont des lieux idéaux pour leur rendre hommage. Des cristaux énergisés dans l'eau courante, des coupes d'eau consacrée avec des herbes comme la camomille ou la lavande, ou encore des coquillages et des perles peuvent être laissés en signe de respect. De plus, pratiquer le soin émotionnel de soi et la purification intérieure sont des manières d'honorer ces dragons, car ils chérissent l'équilibre et le flux naturel de la vie.

Pour les dragons de terre, les éléments solides et enracinés sont plus appropriés. Des roches provenant de lieux sacrés, des graines, des céréales et des cristaux comme la tourmaline noire ou le jaspe sont de bonnes options. Planter un arbre ou prendre soin d'un espace naturel peut être considéré comme une offrande vivante, démontrant l'engagement du pratiquant envers la préservation de la Terre, une valeur fondamentale pour ces dragons. Ces offrandes n'ont pas besoin d'être laissées sur des autels physiques, mais plutôt intégrées consciemment à la routine, comme un acte continu de respect envers la planète et les forces qui la soutiennent.

Les dragons de l'air sont des messagers interdimensionnels et apprécient les offrandes impliquant le son, le mouvement et une intention mentale claire. Des mantras, des musiques jouées en leur honneur, des plumes symboliques ou même la pratique de la respiration consciente sont des moyens d'offrir quelque chose de significatif à ces dragons. L'utilisation d'encens légers, comme le santal et la lavande, ou de cloches et de bols tibétains peut faciliter la syntonie avec leur énergie. Méditer dans des lieux élevés, comme des montagnes ou des terrasses, où le vent circule librement, est une manière symbolique de reconnaître leur présence et de manifester sa vénération.

Les rituels d'honneur et de gratitude envers les dragons peuvent être simples, mais doivent toujours être réalisés avec vérité et respect. Créer un petit autel, que ce soit dans l'environnement physique ou mental, et y consacrer quelques instants pour exprimer sa reconnaissance peut être un premier pas. Les offrandes peuvent être accompagnées de mots spontanés ou de phrases rituelles exprimant la gratitude, comme : « Je remercie pour la présence et la sagesse partagées. Que mon cheminement continue en harmonie avec l'énergie draconique et que je puisse honorer cette connexion avec conscience et vérité. »

La signification spirituelle des offrandes réside dans l'intention et l'énergie qui y sont investies. Lorsqu'elles sont faites sincèrement, ces pratiques créent un lien vibratoire entre le pratiquant et les dragons, permettant à leur énergie de se manifester de manière plus claire et présente. Plus que les objets matériels, les dragons valorisent les attitudes alignées avec leur essence, telles que la quête de connaissance, le dépassement des défis et la protection de ce qui est sacré.

Les pratiquants qui ont intégré l'habitude de faire des offrandes et des démonstrations de respect rapportent fréquemment des changements significatifs dans leur parcours spirituel. Certains perçoivent une augmentation de leur intuition, sentant les dragons les guider à travers des rêves, des synchronicités et des intuitions profondes. D'autres font état d'un sentiment constant de protection et de force intérieure, comme s'ils étaient accompagnés par une présence invisible mais puissante. Il y a aussi ceux qui remarquent un flux accru d'opportunités et d'apprentissage, comme si la connexion avec les dragons alignait leur trajectoire avec un dessein plus grand.

Honorer les dragons ne signifie pas seulement accomplir des rituels occasionnels, mais bien vivre selon des principes qui résonnent avec leur énergie. Faire preuve de loyauté, de courage et de respect pour la connaissance sont des attitudes qui renforcent cette connexion bien plus que n'importe quelle offrande physique. Les dragons sont des êtres qui observent l'essence des individus, et ceux qui démontrent un engagement envers leur propre croissance spirituelle deviennent naturellement plus réceptifs à leur présence.

La relation avec les dragons est une voie à double sens, où la confiance et l'échange sincère sont les piliers qui soutiennent cette interaction. Pour ceux qui souhaitent approfondir ce lien, la clé réside dans l'authenticité. Plus que les gestes symboliques, les dragons valorisent la vérité du cœur et la cohérence entre les paroles et les actes. En les honorant sincèrement, le pratiquant non seulement renforce sa connexion avec ces êtres, mais s'aligne également avec une énergie de puissance et de sagesse qui peut transformer son cheminement de manière profonde et durable.

Chapitre 27
Messages de l'Inconscient

Le monde des rêves est un territoire vaste et mystérieux, où l'inconscient communique à travers des symboles, des archétypes et des expériences intenses qui transcendent la logique de l'état d'éveil. En son sein, l'esprit humain se libère des barrières rationnelles et s'ouvre à des dimensions où des forces primordiales peuvent se manifester. Parmi ces forces, les dragons émergent comme des figures d'une profonde signification, représentant les défis, la protection, le pouvoir et la sagesse. Leur présence dans les rêves n'est pas fortuite ; au contraire, elle reflète des aspects internes du rêveur, transmettant des messages qui peuvent aider au processus de connaissance de soi et de transformation personnelle. L'interaction avec les dragons dans le monde onirique peut être un appel à éveiller une force intérieure endormie, à affronter des peurs cachées ou même une invitation à établir un lien spirituel plus profond avec ces entités.

La manière dont les dragons se présentent dans les rêves varie selon l'état émotionnel et le moment de vie de chaque individu. Pour certains, ils apparaissent comme des créatures imposantes, défiant le rêveur à faire face à ses propres limites et à surmonter des obstacles intérieurs. Pour d'autres, ils se manifestent comme des alliés ou des guides, offrant protection et orientation dans les moments d'incertitude. L'interprétation de ces apparitions exige sensibilité et attention aux détails du rêve, car chaque élément – couleur, comportement, environnement et émotions impliquées – porte une signification qui peut révéler des messages cachés. Par exemple, un dragon qui se dresse devant le rêveur de manière menaçante peut représenter une peur refoulée qui doit être affrontée, tandis qu'un dragon serein qui permet l'approche peut symboliser la découverte d'un nouveau potentiel ou une connexion spirituelle en développement.

Au-delà du symbolisme individuel, les rêves de dragons peuvent être des expériences spirituelles authentiques, au cours desquelles la conscience du rêveur accède à des plans subtils de l'existence. Certaines traditions ésotériques croient que les dragons habitent des royaumes éthérés et que, pendant le sommeil, il est possible d'établir un contact direct avec ces entités. Dans ces cas, le rêve se distingue par son intensité et sa clarté, laissant une impression profonde au réveil. Des rêves de ce type sont généralement accompagnés de sensations vives, de messages directs et d'une atmosphère de réalisme qui les distinguent des simples créations de l'esprit subconscient. Pour ceux qui désirent mieux comprendre ces expériences, tenir un journal de rêves et pratiquer des techniques d'induction, comme la méditation avant de dormir ou l'utilisation de cristaux favorisant la mémoire des rêves, peut être une voie pour approfondir cette connexion et déchiffrer les enseignements que les dragons ont à offrir.

La signification symbolique des dragons dans les rêves est liée à la transformation, au pouvoir et à la connexion avec les forces primordiales. Dans de nombreuses cultures, le dragon représente des défis internes à surmonter, des instincts primordiaux à intégrer ou même la nécessité d'affronter des peurs et des limitations personnelles. Lorsqu'un dragon surgit dans le monde onirique, il peut mettre en lumière des aspects refoulés de la psyché, comme une colère non exprimée, un courage non revendiqué ou un appel à élargir la conscience. D'un autre côté, selon le contexte du rêve, un dragon peut représenter la protection, la sagesse ancestrale ou la présence d'un guide spirituel aidant dans le voyage de la connaissance de soi.

Les dragons peuvent également agir comme de véritables guides dans le monde des rêves, aidant à la compréhension de mystères et fournissant des enseignements qui ne seraient pas facilement accessibles à l'état d'éveil. Certaines traditions ésotériques suggèrent que certaines âmes possèdent des connexions anciennes avec ces êtres et que, pendant le sommeil, elles peuvent recevoir des instructions directes sur leur mission de vie, leurs chemins spirituels ou même des aspects inconnus de la réalité. Il existe des récits de rêveurs qui, en rencontrant un dragon en rêve, ont reçu des visions sur des événements futurs, des informations sur leur développement personnel ou des éclaircissements sur des questions qui les tourmentaient.

Distinguer un rêve purement symbolique d'une expérience spirituelle réelle avec des dragons peut être un défi, mais certaines caractéristiques aident à cette distinction. Les rêves ordinaires tendent à être fragmentés, avec des éléments décousus et un déroulement irrégulier des événements. En revanche, les expériences spirituelles avec des dragons sont souvent incroyablement vives, avec une clarté qui transcende la logique habituelle des rêves. Souvent, les rêveurs rapportent une sensation de présence réelle, comme s'ils se trouvaient devant une conscience indépendante qui interagit de manière autonome. De plus, ces rêves laissent fréquemment un impact émotionnel durable, accompagnés d'un sentiment d'apprentissage profond ou d'éveil spirituel.

Pour ceux qui souhaitent interpréter et enregistrer leurs rêves de dragons, tenir un journal de rêves est une pratique essentielle. Dès le réveil, le rêveur doit noter tous les détails possibles de l'expérience, y compris les couleurs, les sensations, les interactions et les émotions ressenties. Chaque élément du rêve peut receler une signification cachée et, au fil du temps, des motifs peuvent émerger, révélant des messages récurrents ou des thèmes spécifiques que les dragons tentent de communiquer. L'analyse de ces rêves peut se faire de manière intuitive, en se connectant à la sensation que chaque image éveille, ou en utilisant des références symboliques et mythologiques pour une interprétation plus approfondie.

Outre l'enregistrement, des techniques d'induction de rêves lucides peuvent être employées pour faciliter le contact conscient avec les dragons dans le monde onirique. Des méthodes comme la pratique de la pleine conscience pendant la journée, l'utilisation d'affirmations avant de dormir et la répétition de l'intention de rencontrer un dragon en rêve peuvent augmenter les chances d'une rencontre significative. Certains praticiens utilisent également des cristaux comme l'améthyste ou le lapis-lazuli sous l'oreiller, car ils sont connus pour amplifier la connexion avec le plan des rêves et faciliter les expériences spirituelles.

Les témoignages de personnes ayant eu des rencontres profondes avec des dragons en rêve suggèrent que ces expériences peuvent entraîner des changements significatifs dans la vie éveillée. Certains décrivent qu'après avoir rêvé d'un dragon, ils ont ressenti plus de confiance et de force intérieure, comme s'ils avaient reçu une impulsion énergétique pour surmonter des défis. D'autres rapportent que les dragons ont fourni des messages énigmatiques qui, une fois déchiffrés, ont aidé à éclaircir des aspects importants de leur vie. Il y a aussi ceux qui affirment avoir vu des dragons dans de multiples rêves au fil des ans, chaque fois apportant de nouvelles révélations, comme si un processus graduel d'apprentissage était en cours.

Les dragons dans les rêves ne sont pas seulement des figures de fantaisie ou des éléments aléatoires du subconscient, mais bien des manifestations puissantes de forces qui agissent au-delà de ce que nous pouvons comprendre rationnellement. Pour ceux qui ressentent l'appel de ces êtres, prêter attention aux rêves peut être l'un des chemins les plus directs pour établir une connexion significative. L'inconscient parle à travers des symboles, et les dragons, lorsqu'ils apparaissent, apportent avec eux des messages qui peuvent transformer la perception de la réalité et élargir la conscience vers de nouvelles dimensions de la connaissance et de l'éveil spirituel.

Chapitre 28
Développement Personnel

Le développement personnel, lorsqu'il est animé par l'énergie des dragons, est un processus intense et transformateur, au cours duquel la force intérieure de l'individu est éveillée et affinée. Cette connexion ne se fait pas de manière passive, car les dragons ne sont pas des entités offrant un réconfort sans effort. Au contraire, ils mettent au défi ceux qui recherchent leur présence, exigeant engagement, courage et la volonté d'affronter des vérités souvent cachées. L'influence draconique non seulement renforce la personnalité et la détermination, mais guide également le pratiquant dans la découverte de son véritable potentiel, montrant que la véritable évolution se produit lorsqu'on est disposé à affronter les défis et à transcender les limites que l'on s'impose.

L'énergie des dragons agit comme un catalyseur pour des changements profonds, aidant à transformer les insécurités en confiance en soi et les peurs en opportunités de croissance. Nombreux sont ceux qui, entrant en contact avec cette force, rapportent une augmentation de la clarté de leur objectif et de leur capacité à prendre des décisions avec plus de fermeté. Cela s'explique par le fait que les dragons ne tolèrent pas l'hésitation lorsqu'il s'agit de suivre son propre chemin.

Ils enseignent que chaque personne est responsable de la construction de son propre parcours et que le pouvoir de façonner sa réalité réside en chacun de nous. Cependant, cette force n'est pas accordée gratuitement ; elle doit être revendiquée avec authenticité et un effort continu. À chaque obstacle surmonté, l'individu devient plus fort, plus conscient de lui-même et plus aligné avec sa véritable essence.

L'engagement envers le développement personnel sous la guidance des dragons ne se limite pas à des moments spécifiques d'introspection ou de pratique spirituelle. Il s'agit d'un changement dans la manière de vivre et d'interagir avec le monde. L'énergie draconique se manifeste dans les petits et grands choix quotidiens : dans la façon dont nous affrontons les défis, dans la manière dont nous nous positionnons face aux difficultés et dans la volonté de persévérer même lorsque le chemin semble incertain. Intégrer les principes draconiques – courage, authenticité, sagesse et responsabilité – signifie adopter une posture d'apprentissage et de croissance constants. Ceux qui acceptent ce voyage réalisent que les dragons n'inspirent pas seulement la transformation, mais servent également de guides pour une vie plus pleine et alignée avec le véritable potentiel de l'être.

L'influence des dragons sur la croissance personnelle peut être perçue de diverses manières. L'un des aspects les plus marquants est le renforcement de la confiance en soi. De nombreuses personnes qui initient cette connexion rapportent une transformation profonde de leur posture face à la vie, se sentant plus sûres d'elles pour exprimer leur vérité, prendre des décisions importantes et assumer la responsabilité de leur parcours. Cela s'explique par le fait que les dragons enseignent que la vraie force vient de l'intérieur, et que personne ne peut maîtriser pleinement sa réalité sans d'abord se maîtriser soi-même. L'énergie draconique inspire l'autonomie et le courage de parcourir des sentiers inconnus, en faisant confiance à sa propre intuition et à son pouvoir intérieur.

Un autre impact significatif de cette connexion est le développement de la résilience émotionnelle et mentale. Les dragons, souvent, mettent au défi ceux qui les cherchent, en les confrontant à leurs propres ombres et limites. Ce processus peut être intense, car il exige que la personne regarde en face ses insécurités, ses peurs et ses croyances limitantes. Cependant, ceux qui acceptent ce défi découvrent qu'ils sont bien plus forts qu'ils ne l'imaginaient. Cette force intérieure ne vient pas du déni ou de la répression, mais plutôt de l'acceptation et de l'intégration de ses propres faiblesses comme partie intégrante du processus de croissance. Tout comme un dragon vole librement à travers les tempêtes sans être ébranlé, l'individu apprend à traverser les moments turbulents de la vie avec sagesse et équilibre.

Intégrer les enseignements des dragons dans la vie quotidienne exige pratique et engagement. La première étape consiste à reconnaître la présence de cette énergie et à s'ouvrir à ses leçons. Cela peut se faire par la méditation, où le pratiquant se connecte à l'essence des dragons et permet à leur force de se manifester intérieurement. Une autre façon d'appliquer ces enseignements est par des actions concrètes qui reflètent les valeurs draconiques, comme l'honnêteté, le courage et le respect de sa propre vérité. Chaque choix fait avec intégrité renforce cette connexion et amplifie l'influence positive des dragons sur le chemin personnel.

La présence des dragons peut également être évoquée lors de prises de décision. Dans les situations où le doute ou la peur surgissent, on peut visualiser un dragon à ses côtés, tel un gardien de la clarté et de la détermination. Cette simple pratique peut apporter un sentiment de sécurité et d'encouragement, permettant à la personne de prendre des décisions plus alignées avec son objectif. De plus, travailler avec l'énergie des dragons face à des défis spécifiques – comme parler en public, affronter un obstacle personnel ou démarrer un nouveau projet – peut être une manière puissante d'intégrer leur force au quotidien.

Beaucoup de ceux qui ont commencé à se connecter avec les dragons rapportent des changements profonds dans leur vie. Certains ont expérimenté une augmentation significative de courage et d'audace, s'autorisant à explorer de nouvelles voies sans craindre l'échec. D'autres ont remarqué que leur intuition s'est aiguisée, facilitant la compréhension des signes et des messages de l'univers. Il y a aussi ceux qui ont développé un sens du but plus clair, se sentant guidés par une force supérieure dans leur parcours. Ces transformations ne se produisent pas instantanément, mais plutôt comme un processus continu de maturation et de découverte de soi, où chaque pas franchi renforce encore davantage la connexion avec cette énergie ancestrale.

Les dragons agissent comme des maîtres et des catalyseurs de l'évolution humaine parce qu'ils défient la stagnation et stimulent la croissance. Contrairement aux guides spirituels qui offrent confort et protection, les dragons enseignent par le dépassement, plaçant l'individu face à des épreuves qui le poussent à se renforcer. Leur rôle n'est pas de porter qui que ce soit sur leurs épaules, mais bien d'enseigner comment créer ses propres ailes et voler en toute autonomie. Cette approche peut sembler exigeante pour certains, mais c'est précisément cette exigence qui rend la connexion avec les dragons si transformatrice.

Travailler avec les dragons, c'est prendre l'engagement de cheminer avec intégrité, force et détermination. C'est un appel pour ceux qui ne craignent pas le changement et qui sont prêts à accéder à leur véritable potentiel. Ceux qui acceptent cet appel découvrent que les dragons ne sont pas seulement des mythes ou des archétypes lointains, mais bien des forces vives qui œuvrent au développement de l'âme, guidant chacun vers une existence plus authentique et puissante.

Chapitre 29
Comment Ressentir la Présence des Dragons

La présence des dragons dans le monde spirituel ne se révèle pas de manière évidente ou directe, mais plutôt à travers des signes subtils et des expériences qui défient la logique quotidienne. Ces êtres, porteurs d'une énergie ancestrale et puissante, se manifestent à ceux qui sont ouverts à percevoir leur influence, que ce soit par des rêves vifs, des intuitions soudaines ou des synchronicités qu'il devient impossible d'ignorer. Bien plus que de simples figures mythologiques ou archétypes de l'inconscient collectif, les dragons représentent une force vivante qui résonne avec ceux qui aspirent à la croissance, au courage et à une connexion plus profonde avec les mystères de l'univers. Ressentir leur présence ne dépend pas d'une croyance aveugle, mais d'une sensibilité aiguisée et de la capacité à reconnaître les motifs et les messages potentiellement cachés dans nos expériences quotidiennes.

Pour ceux qui se sentent appelés par cette énergie, les premiers indices de la présence draconique apparaissent souvent de manière spontanée. Un intérêt soudain pour les symboles de dragon, une attirance inexplicable pour les histoires ou les représentations de ces êtres, et même des changements dans la manière de percevoir l'environnement alentour figurent parmi les signes les plus courants. Certaines personnes rapportent une augmentation de leur force intérieure, comme si une présence invisible les incitait à affronter les défis avec une détermination accrue. D'autres vivent des moments de clarté intense, comme si elles recevaient des conseils ou une guidance d'une source transcendant l'esprit rationnel. Des sensations physiques, telles qu'une chaleur soudaine dans le corps, un frisson inexplicable ou même une variation subtile de l'énergie ambiante, peuvent également signaler la manifestation des dragons.

  La connexion avec les dragons se renforce à mesure que l'individu devient plus réceptif et conscient de ces signes. Ménager des moments d'introspection, que ce soit par la méditation, l'écriture intuitive ou la contemplation de la nature, peut faciliter cette perception. De plus, honorer cette présence avec respect et une intention sincère est essentiel pour établir un lien authentique. Les dragons ne communiquent pas de manière linéaire, mais plutôt par le biais d'impressions, de sentiments et de symboles qui requièrent une interprétation attentive. Ceux qui s'engagent dans cette voie découvrent que les dragons ne se contentent pas d'observer et de guider à distance, mais qu'ils deviennent également de puissants alliés, offrant protection, inspiration et force pour traverser les épreuves de la vie avec courage et détermination.

  Les signes de ce retour peuvent se manifester sous différentes formes. Nombreux sont ceux qui rapportent un intérêt soudain pour les dragons, sans raison apparente. Cet appel peut prendre la forme de rêves intenses, d'images récurrentes, de synchronicités, voire d'un sentiment de familiarité en entendant des récits sur ces créatures. Certaines personnes commencent à percevoir des dragons dans des symboles du quotidien, comme dans les motifs naturels, la forme des nuages ou même dans des œuvres artistiques qui ne retenaient pas leur attention auparavant. Cela indique que leur conscience s'éveille à cette énergie et que les dragons tentent d'établir un contact subtil.

Discerner ces signes demande sensibilité et attention. Au quotidien, la présence draconique peut se révéler à travers de menus détails qui échapperaient à un esprit distrait. Des sons inattendus, des variations de la température ambiante, ou encore une sensation de force inexplicable émergeant lors de moments d'introspection peuvent être des indices de la proximité des dragons. Certaines personnes rapportent ressentir une présence observatrice, comme si elles étaient guidées par une force invisible les encourageant à poursuivre leur évolution. Ce genre d'expérience peut survenir durant la méditation, dans des instants de silence profond, ou même dans des situations de grande nécessité, lorsqu'un élan de courage semble jaillir de nulle part.

Les rêves et les visions comptent parmi les voies de communication les plus fréquentes empruntées par les dragons pour entrer en contact avec ceux qui s'éveillent à leur présence. Dans les rêves, les dragons peuvent apparaître comme des figures grandioses, transmettant des messages symboliques ou simplement manifestant leur force et leur majesté. Certaines personnes font état de dialogues télépathiques avec des dragons, au cours desquels elles reçoivent une guidance concernant leur parcours spirituel. D'autres décrivent la sensation de voler aux côtés d'un dragon, symbolisant la liberté, l'élévation de la conscience et le dépassement des limitations. L'impact de ces expériences est généralement profond, laissant une impression durable et un sentiment de connexion inexplicable avec ces créatures.

L'interprétation juste de ces manifestations est fondamentale pour comprendre le message que les dragons désirent transmettre. Toute expérience impliquant des dragons ne signifie pas nécessairement une connexion authentique ; il peut parfois s'agir d'une simple manifestation de l'inconscient traitant de puissants archétypes. Pour distinguer un contact réel d'un simple reflet intérieur, il est nécessaire d'observer l'impact de l'expérience. Les contacts authentiques avec les dragons entraînent généralement des changements significatifs dans la perception de la vie, apportant une clarté accrue, du courage et un sens renouvelé à son existence. De plus, ces expériences s'accompagnent habituellement d'un profond sentiment de respect et d'admiration, plutôt que de peur ou de confusion.

Renforcer cette connexion implique de s'ouvrir consciemment à la présence des dragons et de se montrer réceptif à leurs enseignements. Des méditations ciblées, des invocations respectueuses et des pratiques de visualisation sont des moyens efficaces pour aligner son énergie personnelle sur la vibration draconique.

Créer un espace sacré, qu'il s'agisse d'un autel symbolique ou d'un lieu dédié à la réflexion et à la connexion, peut faciliter cette harmonisation. Certains pratiquants utilisent également des cristaux, comme l'obsidienne et le quartz doré, pour amplifier cette énergie et créer un champ plus réceptif à la présence des dragons.

Les témoignages de personnes ayant ressenti la présence des dragons dans leur vie sont variés, mais tous partagent un élément commun : la profonde transformation qu'engendre cette connexion. Certaines perçoivent des changements subtils, tels qu'un gain de confiance et de détermination, tandis que d'autres traversent de véritables éveils spirituels, où l'énergie draconique agit comme un catalyseur de leur évolution. D'autres encore font état d'un sentiment continu de protection, comme s'ils étaient guidés par une force ancestrale les aidant à affronter les défis et à prendre des décisions cruciales.

Le retour des dragons dans la conscience humaine n'est pas un événement isolé, mais s'inscrit dans un processus plus vaste de reconnexion avec des forces anciennes, toujours présentes mais restées en sommeil pendant un temps. À mesure que davantage de personnes s'éveillent à cette présence, l'influence des dragons devient plus tangible, guidant l'humanité vers une nouvelle ère de compréhension, de puissance et d'équilibre. Ceux qui ressentent cet appel doivent être disposés à s'engager profondément dans cette voie, non pas dans une quête de pouvoir ou de savoir superficiel, mais avec un engagement sincère envers leur propre croissance et l'expansion de leur conscience.

Chapitre 30
Les Maîtres et Gardiens

Les dragons ont toujours été bien plus que de simples symboles de force et de mystère ; ils incarnent des maîtres spirituels guidant ceux qui sont disposés à affronter les défis du voyage évolutif. Leur présence dans les traditions anciennes suggère qu'au-delà d'être les gardiens du savoir sacré, ils sont des instructeurs rigoureux qui éprouvent la détermination et le courage de ceux en quête de sagesse. Contrairement à d'autres entités spirituelles offrant une orientation directe et une protection inconditionnelle, les dragons exigent un engagement et une transformation authentiques. L'apprentissage qu'ils dispensent n'est pas transmis par des paroles douces ou des enseignements simplistes, mais à travers des défis qui poussent le disciple à dépasser ses propres limites et à conquérir une compréhension plus profonde de lui-même et de l'univers.

Cette relation maître-apprenti se construit sur des principes de mérite et de résilience. Les dragons ne choisissent pas leurs élèves au hasard ; ils observent la conduite, l'intention et l'effort de chaque chercheur. Pour être digne de la guidance draconique, il faut faire preuve de discipline, de force de volonté et d'une quête sincère de la connaissance de soi. Les enseignements des dragons sont fréquemment transmis de manière symbolique, par le biais de rêves, de visions et d'expériences qui, à première vue, peuvent sembler stimulantes ou énigmatiques. Ces épreuves ne sont pas des punitions, mais des opportunités pour l'individu de prouver sa détermination et d'affiner ses capacités spirituelles. Seuls ceux qui se montrent prêts à affronter leurs propres ombres et limitations parviennent à accéder aux secrets que ces gardiens maintiennent sous leur protection.

La tutelle draconique n'est pas un bouclier protégeant contre toutes les difficultés de la vie, mais une force qui fortifie l'esprit et élargit la perception de la réalité. Ceux qui entrent en harmonie avec les dragons rapportent souvent une transformation profonde, se sentant plus en sécurité, déterminés et alignés avec leur dessein. Cette présence peut être subtile, perçue comme une intuition aiguisée ou un élan de courage dans les moments les plus cruciaux. D'autres expérimentent des manifestations plus intenses, comme des rêves vivaces où les dragons apparaissent comme des maîtres enseignant d'importantes leçons. Quelle que soit la forme qu'elle prend, cette connexion est un appel à l'évolution constante, défiant l'individu à grandir et à devenir la meilleure version de lui-même. Travailler avec les dragons signifie emprunter un chemin de pouvoir et de responsabilité, où chaque leçon apprise se traduit par un pas ferme vers l'éveil de la véritable sagesse.

Au fil de l'histoire, des chercheurs spirituels ont rapporté des expériences indiquant la présence des dragons comme guides cachés. Dans les textes anciens, il est fait mention de dragons comme gardiens de temples invisibles, où seuls ceux qui démontrent un véritable mérite peuvent entrer. Dans certaines cultures, les dragons étaient considérés comme les protecteurs de la terre, de la connaissance et des secrets de l'univers. Les moines taoïstes en Chine croyaient que les dragons étaient des manifestations de l'énergie primordiale du cosmos, capables de révéler des chemins à ceux qui s'alignaient sur leur vibration. En Occident, les alchimistes médiévaux utilisaient l'image du dragon comme symbole du processus de transmutation, représentant le voyage de l'apprenti en quête d'illumination.

L'accès aux enseignements des dragons ne se fait pas de manière aléatoire. Il exige discipline, respect et, par-dessus tout, la capacité de s'ouvrir à des changements profonds. Les dragons n'offrent pas de réponses faciles ; au lieu de cela, ils présentent des situations qui forcent le pratiquant à grandir, à surmonter ses limitations et à atteindre de nouveaux paliers de conscience. Cette transmission de connaissance peut se produire par le biais de rêves, de visions, de synchronicités et même de défis dans le monde physique qui servent d'épreuves pour fortifier l'âme de l'apprenti. Pour ceux qui sont préparés, les dragons offrent des clés pour accéder à des dimensions supérieures de sagesse, élargissant la perception de la réalité.

La tutelle draconique est un concept qui fait référence à la protection et à la guidance spirituelle accordées par les dragons à ceux qui démontrent être prêts à cheminer à leurs côtés. Cette protection énergétique peut être ressentie comme une force invisible qui accompagne l'individu dans les moments de danger ou d'incertitude. Beaucoup de personnes qui se connectent aux dragons rapportent sentir leur présence lorsqu'elles affrontent des situations difficiles, comme une énergie subtile qui les encourage à aller de l'avant, renforçant leur détermination et leur clarté mentale. Cette tutelle n'est pas accordée sans discernement ; elle doit être conquise par l'engagement envers la vérité, l'intégrité et la quête de la connaissance de soi.

Les récits des personnes ayant expérimenté cette connexion varient, mais certains schémas se répètent. Certains décrivent des sensations physiques intenses en invoquant la présence des dragons, comme une chaleur soudaine parcourant le corps ou une électricité subtile autour du champ énergétique. D'autres rapportent des rêves récurrents où les dragons apparaissent comme des enseignants, les guidant à travers des paysages inconnus et révélant des leçons symboliques. Il y a aussi ceux qui perçoivent des changements dans leur propre énergie après avoir établi cette connexion, se sentant plus confiants, protégés et alignés avec leur but de vie.

Les dragons, en tant que maîtres et gardiens, représentent la force brute de la sagesse cosmique, exigeant de ceux qui les cherchent une transformation réelle et profonde. Travailler avec leur énergie signifie abandonner les illusions, affronter des vérités douloureuses et, par-dessus tout, développer un sens des responsabilités quant à son propre parcours spirituel. Ils ne guident pas ceux qui attendent des réponses faciles ou des raccourcis pour la croissance ; au contraire, ils offrent des défis qui mènent au véritable éveil. Pour ceux qui acceptent cet appel, le voyage aux côtés des dragons devient un chemin d'évolution constante, où chaque leçon apprise renforce non seulement l'esprit, mais aussi l'essence même de l'être.

Chapitre 31
L'Appel Final

La connexion avec les dragons transcende la simple croyance ou la fascination mythologique. Il s'agit d'une expérience transformatrice qui exige engagement, perception aiguisée et une véritable disposition au changement. Tout au long de ce parcours, chaque pas effectué n'a pas été seulement une quête de l'inconnu, mais un chemin de découverte de soi qui a façonné l'esprit et défié les limites imposées par la peur et le doute. Ceux qui parviennent à ce stade n'y arrivent pas par hasard. Il y a une impulsion intérieure, une force indéniable qui les a guidés jusqu'ici, traversant les obstacles, redéfinissant les paradigmes et permettant l'épanouissement d'une conscience élargie. Il ne s'agit pas seulement de chercher les dragons comme des entités externes, mais de reconnaître l'essence draconique en soi, cette étincelle de pouvoir, de sagesse et de force présente depuis le début, attendant le bon moment pour se manifester pleinement.

L'appel final n'est pas seulement une invitation ; c'est un défi. Il ne suffit pas de désirer la connexion avec les dragons, il faut prouver que l'on est prêt à les recevoir. Ils ne répondent pas aux simples curiosités ou aux intentions superficielles, car leur présence exige préparation, maturité et courage pour faire face à des vérités qui peuvent être inconfortables. Chacun qui emprunte ce chemin doit se demander : suis-je prêt à abandonner les vieilles illusions ? Ai-je le courage d'affronter les défis à venir ? La présence d'un dragon n'est pas un don accordé sans but ; elle est le reflet de ce qui a été conquis, de la clarté développée et de la force intérieure consolidée tout au long du parcours. C'est pourquoi ceux qui hésitent, qui doutent ou qui portent encore en eux des entraves émotionnelles et mentales auront des difficultés à avancer. La véritable rencontre avec les dragons n'a lieu que lorsqu'il y a un abandon total au processus de transformation, sans réserves ni résistance.

Les signes de cette préparation sont partout pour ceux qui ont appris à les voir. Des rêves vivaces où les dragons se manifestent, des synchronicités inattendues, un changement profond dans la perception de la réalité – tous sont des indices que l'énergie draconique approche. Mais le plus important n'est pas à l'extérieur, mais à l'intérieur : une sensation inexplicable que quelque chose de grandiose est sur le point d'arriver, un éveil qui résonne dans l'âme et vibre avec une vérité indéniable. C'est l'appel final. Maintenant, seule reste la décision. Êtes-vous prêt à faire le prochain pas et à franchir le seuil qui sépare ce qui a été de ce qui peut encore être ?

Les dragons ne sont pas des entités qui apparaissent par hasard. Leur énergie ne peut être simplement invoquée par désir ou besoin momentané. Ils apparaissent à ceux qui se montrent prêts à recevoir leurs enseignements et à assumer les responsabilités qui accompagnent cette connexion. De nombreuses traditions spirituelles évoquent l'importance de la maturité spirituelle avant de s'approcher d'êtres de grand pouvoir. Dans le cas des dragons, cette préparation implique plus que de simples rituels et invocations ; elle exige un changement dans la manière de percevoir la réalité et d'interagir avec le monde.

La disposition pour cette rencontre ne se mesure pas seulement par les connaissances accumulées, mais par la volonté d'abandonner les vieilles croyances limitantes et d'embrasser l'inconnu avec courage. Les dragons défient ceux qui les cherchent à devenir des versions plus authentiques d'eux-mêmes, exigeant intégrité, détermination et un engagement inébranlable envers la vérité. Ils n'offrent ni chemins faciles ni réponses toutes faites, mais placent l'individu face à des défis qui le forcent à grandir, à se renforcer et à élargir sa conscience.

Les signes que quelqu'un est prêt pour la rencontre avec les dragons sont subtils, mais clairs pour qui apprend à les observer. L'une des premières indications est la présence constante de synchronicités impliquant des dragons – que ce soit à travers des images, des mentions inattendues dans des conversations ou même des rêves répétitifs où ces êtres apparaissent. Ces manifestations suggèrent que l'énergie draconique approche, testant le niveau de réceptivité de l'individu. De plus, il y a une transformation intérieure perceptible : une volonté croissante de se libérer des schémas destructeurs, un désir profond de comprendre les mystères cachés et un courage renouvelé pour affronter des défis qui semblaient auparavant insurmontables.

Pour ceux qui ressentent cet appel, la préparation devient essentielle. Des méditations centrées sur l'énergie des dragons, des pratiques d'alignement énergétique et l'étude approfondie de leurs symboliques sont des moyens de renforcer cette connexion. Mais, par-dessus tout, il est nécessaire de cultiver un esprit de respect et d'humilité. Les dragons ne répondent pas à l'arrogance ou à la quête de pouvoir personnel ; ils se manifestent à ceux qui désirent se comprendre eux-mêmes et comprendre l'univers de manière plus profonde.

La rencontre avec un dragon, que ce soit dans un rêve, une vision ou une expérience spirituelle intense, n'est pas quelque chose qui peut être forcé. Elle a lieu quand l'âme est prête, quand l'esprit est ouvert et quand le cœur est libre d'attentes rigides. Beaucoup de personnes rapportent que, lorsqu'elles ont finalement rencontré un dragon, ce ne fut pas de la manière qu'elles attendaient. Certains ont décrit une présence immense et indescriptible, qui s'est fait sentir comme une vague de chaleur ou d'électricité parcourant le corps. D'autres ont vu les dragons comme des figures imposantes et sereines, communiquant par des symboles, des regards ou des sensations profondes. Il y a ceux qui ont simplement ressenti une force autour d'eux, comme un bouclier invisible qui les a protégés dans des moments de crise.

Indépendamment de la forme que prend la rencontre, elle provoque toujours des changements.

Quiconque entre en contact avec un vrai dragon ne voit plus jamais la vie de la même manière. La peur se dissipe, la perception s'élargit et un nouveau sens du but s'installe. Cela ne signifie pas que le voyage devient facile, mais que l'individu possède désormais un allié puissant à ses côtés, une force qui l'inspire à continuer de grandir, d'apprendre et d'affronter les défis avec sagesse et détermination.

L'appel des dragons n'est pas pour tout le monde. Il ne résonne qu'en ceux qui sont prêts à accepter leur grandeur et les défis qu'elle comporte. Si vous ressentez cette connexion, si les dragons peuplent vos pensées, vos rêves et vos intuitions, alors peut-être êtes-vous déjà prêt pour la rencontre. Mais rappelez-vous : ce n'est pas la fin du voyage, mais plutôt le début d'une nouvelle phase, où la présence draconique deviendra un guide constant, propulsant votre évolution à des niveaux que vous ne pouvez même pas encore imaginer.

Maintenant, la décision est entre vos mains. Êtes-vous prêt à répondre à l'appel ?

Épilogue

Je voudrais exprimer ma plus sincère gratitude à vous, cher lecteur, pour avoir consacré votre temps et votre attention à cette exploration profonde sur la véritable nature des dragons. Nous espérons que ce voyage à travers les pages de ce livre a éveillé votre curiosité, élargi votre compréhension et, qui sait, peut-être même touché une corde sensible dans votre âme.

Nous croyons que la quête de connaissance et l'ouverture à de nouvelles perspectives sont des chemins essentiels à notre croissance individuelle et collective. En vous permettant d'envisager la possibilité que les dragons soient plus que de simples figures mythologiques, vous faites preuve d'un esprit ouvert et d'une soif de comprendre les couches les plus profondes de la réalité.

La réalisation de ce livre a été rendue possible grâce à l'effort et au dévouement de nombreuses personnes. Au nom de l'auteur, je tiens à remercier tous ceux qui ont contribué directement ou indirectement à ce projet. Nous remercions particulièrement ceux qui ont partagé leurs expériences et leurs aperçus sur le monde subtil et la présence des dragons, enrichissant cet ouvrage de leurs vécus personnels.

Nous souhaitons également saluer le travail inlassable de l'équipe éditoriale qui, avec professionnalisme et souci du détail, a fait de ce livre une réalité. Nous remercions les relecteurs, les graphistes et tous ceux impliqués dans la production, dont l'expertise a été fondamentale pour donner forme à ces mots et les rendre accessibles à vous.

Enfin, un remerciement spécial à ceux qui, par leur soutien et leurs encouragements, ont motivé l'auteur à poursuivre cette recherche et à partager sa vision unique des dragons.

Nous espérons sincèrement que la lecture de ce livre a été une expérience enrichissante et inspirante, et que les informations présentées ici puissent servir de point de départ à un voyage encore plus profond en quête de compréhension de notre connexion avec le monde spirituel et les forces élémentaires qui le régissent.

Que la sagesse des dragons, êtres de pouvoir et de transformation, continue d'inspirer vos pensées et d'illuminer votre chemin.

Avec nos meilleurs vœux,
Luiz Santos Éditeur

www.ingramcontent.com/pod-product-compliance
Lightning Source LLC
LaVergne TN
LVHW041928070526
838199LV00051BA/2752